Orientação ao Centro Espírita

Orientação ao Centro Espírita

Texto aprovado pelo Conselho Federativo Nacional da Federação Espírita Brasileira em sua reunião de novembro de 2006.

feb

Federação Espírita Brasileira

ISBN 978-85-7328-516-1

B.N.

Organizado pela Equipe da Secretaria Geral do
Conselho Federativo Nacional

Responsável pela Equipe: ANTONIO CESAR PERRI DE CARVALHO

1ª edição – *Do 1º ao 25º milheiro*

002-AA; 000.52-O; 3/2007

Capa e projeto gráfico: CLAUDIO CARVALHO

Composição e editoração:
Departamento Editorial e Gráfico – Rua Souza Valente, 17
20941-040 – Rio de Janeiro (RJ) – Brasil
CNPJ nº 33.644.857/0002-84 *I.E. nº 81.600.503*

Pedidos de livros à FEB – Departamento Editorial:
Tel.: (21) 2187-8282, FAX: (21) 2187-8298.

CIP-BRASIL. CATALOGAÇÃO-NA-FONTE
SINDICATO NACIONAL DOS EDITORES DE LIVROS, RJ.

F318o

Federação Espírita Brasileira. Conselho Federativo Nacional
Orientação ao Centro Espírita / [organizado pela equipe da Secretaria Geral do Conselho Federativo Nacional; Antonio Cesar Perri de Carvalho, responsável pela Equipe]. – Rio de Janeiro: Federação Espírita Brasileira, 2007
128p.: 25cm
"Texto aprovado pelo Conselho Fedrativo Nacional da Federação Espírita Brasileira em sua reunião de novembro de 2006"
ISBN 978-85-7328-516-1
1. Espiritismo – Sociedades, etc. 2. Espiritismo – Sociedades, etc. – Administração. I. Título.

07-0849. CDD 133.906
CDU 133.7:061.234

15.03.07 19.03.07 000763

SUMÁRIO

Missão dos Espíritas

Não escutais já o ruído da tempestade que há de arrebatar o velho mundo e abismar no nada o conjunto das iniqüidades terrenas? Ah! Bendizei o Senhor, vós que haveis posto a vossa fé na sua soberana justiça e que, novos apóstolos da crença revelada pelas proféticas vozes superiores, ides pregar o novo dogma da reencarnação e da elevação dos Espíritos, conforme tenham cumprido, bem ou mal, suas missões e suportado suas provas terrestres.

Não mais vos assusteis! As línguas de fogo estão sobre as vossas cabeças. Ó verdadeiros adeptos do Espiritismo!... sois os escolhidos de Deus! Ide e pregai a palavra divina. É chegada a hora em que deveis sacrificar à sua propagação os vossos hábitos, os vossos trabalhos, as vossas ocupações úteis. Ide e pregai. Convosco estão os Espíritos elevados. Certamente falareis a criaturas que não quererão escutar a voz de Deus, porque essa voz as exorta incessantemente à abnegação. Pregareis o desinteresse aos avaros, a abstinência aos dissolutos, a mansidão aos tiranos domésticos, como aos déspotas! Palavras perdidas, eu o sei; mas não importa. Faz-se mister regueis com os vossos suores o terreno onde tendes de semear, porquanto ele não frutificará e não produzirá senão sob os reiterados golpes da enxada e da charrua evangélicas. Ide e pregai!

Ó todos vós, homens de boa-fé, conscientes da vossa inferioridade em face dos mundos disseminados pelo Infinito!... lançai-vos em cruzada contra a injustiça e a iniqüidade. Ide e proscreverei esse culto do bezerro de ouro, que cada dia mais se alastra. Ide, Deus vos guia! Homens simples e ignorantes, vossas línguas se soltarão e falareis como nenhum orador fala. Ide e pregai, que as populações atentas recolherão ditosas as vossas palavras de consolação, de fraternidade, de esperança e de paz.

Que importam as emboscadas que vos armem pelo caminho! Somente lobos caem em armadilhas para lobos, porquanto o pastor saberá defender suas ovelhas das fogueiras imoladoras.

Ide, homens, que, grandes diante de Deus, mais ditosos do que Tomé, credes sem fazerdes questão de ver e aceitais os fatos da mediunidade, mesmo quando não tenhais conseguido obtê-los por vós mesmos; ide, o Espiritismo de Deus vos conduz.

Marcha, pois, avante, falange imponente pela tua fé! Diante de ti os grandes batalhões dos incrédulos se dissiparão, como a bruma da manhã aos primeiros raios do Sol nascente.

A fé é a virtude que desloca montanhas, disse Jesus. Todavia, mais pesados do que as maiores montanhas, jazem depositados nos corações dos homens a impureza e todos os vícios que derivam da impureza. Parti, então, cheios de coragem, para removerdes essa montanha de iniqüidades que as futuras gerações só deverão conhecer como lenda, do mesmo modo que vós, que só muito imperfeitamente conhecereis os tempos que antecederam a civilização pagã.

Sim, em todos os pontos do Globo vão produzir-se as subversões morais e filosóficas; aproxima-se a hora em que a luz divina se espargirá sobre os dois mundos.

Ide, pois, e levai a palavra divina: aos grandes que a desprezarão, aos eruditos que exigirão provas, aos pequenos e simples que a aceitarão; porque, principalmente entre os mártires do trabalho, desta provação terrena, encontrareis fervor e fé. Ide; estes receberão, com hinos de gratidão e louvores a Deus, a santa consolação que lhes levareis, e baixarão a fronte, rendendo-lhe graças pelas aflições que a Terra lhes destina.

Arme-se a vossa falange de decisão e coragem! Mãos à obra! o arado está pronto; a terra espera; arai!

Ide e agradecei a Deus a gloriosa tarefa que Ele vos confiou; mas, atenção! entre os chamados para o Espiritismo, muitos se transviaram; reparai, pois, vosso caminho e segui a verdade.

Pergunta. – Se, entre os chamados para o Espiritismo, muitos se transviaram, quais os sinais pelos quais reconheceremos os que se acham no bom caminho?

Resposta. – Reconhecê-los-eis pelos princípios da verdadeira caridade que eles ensinarão e praticarão. Reconhecê-lo-eis pelo número de aflitos a que levem consolo; reconhecê-lo-eis pelo seu amor ao próximo, pela sua abnegação, pelo seu desinteresse pessoal; reconhecê-los-eis, finalmente, pelo triunfo de seus princípios, porque Deus quer o triunfo de sua lei; os que seguem sua lei, esses são os escolhidos e Ele lhes dará a vitória; mas Ele destruirá aqueles que falseiam o espírito dessa lei e fazem dela degrau para contentar sua vaidade e sua ambição. – *Erasto, anjo da guarda do médium. (Paris, 1863.)*

(KARDEC, Allan. *O Evangelho segundo o Espiritismo.* 1ª edição especial, Rio de Janeiro: FEB, 2004. Cap. XX, item 4.)

Caros Amigos!

As orientações, programas e material de apoio, elaborados e disponibilizados pelos órgãos federativos e de unificação do Movimento Espírita, são oferecidos a título de sugestão e de subsídio para as atividades dos Centros e demais instituições espíritas, os quais, no uso da autonomia e da liberdade de ação que desfrutam, e sem alterar o texto original, podem utilizá-los de forma compatível com a sua realidade, bem como aplicá-los de conformidade com suas necessidades.

Tratando-se de texto elaborado com o objetivo de orientar e colaborar com os Centros e demais instituições espíritas na realização aos seus nobres propósitos de promover o estudo, a divulgação e a prática da Doutrina Espírita, a Federação Espírita Brasileira convida os dirigentes e trabalhadores espíritas em geral a somarem seus esforços com o objetivo de promover uma ampla difusão deste material de apoio, de real interesse para os que buscam o conhecimento do Espiritismo, vedada, naturalmente, a sua reprodução para uso comercial.

Sejam bem-vindos, pois, todos os servidores da Seara Espírita empenhados em participar deste esforço comum, orientado no sentido de colocar a mensagem esclarecedora e consoladora da Doutrina Espírita ao alcance e a serviço de todas as pessoas, indistintamente, especialmente nesta fase de transição em que o ser humano mostra-se cada vez mais interessado nas questões que tratam da imortalidade da alma, da sua comunicação com os homens e do conhecimento sobre o que somos, de onde viemos, para onde vamos e qual é o sentido da existência terrena.

Brasília, fevereiro de 2007.

Conselho Federativo Nacional da Federação Espírita Brasileira

O estudo constante da Doutrina Espírita com base nas obras de Allan Kardec e o propósito permanente de colocar em prática os seus ensinos, *são fundamentais para a correta execução de toda atividade espírita.*

Apresentação

Orientação ao Centro Espírita, agora apresentado em edição revista e atualizada, representa o resultado de um trabalho realizado durante muitos anos por dirigentes e trabalhadores espíritas vinculados, tanto aos grupos, centros e demais instituições espíritas, como aos órgãos federativos e de unificação do Movimento Espírita:

1 – Com o objetivo de promover a união dos espíritas e das instituições espíritas de nosso país e trabalhar pela unificação do Movimento Espírita, a fim de fortalecer a tarefa de difusão do Espiritismo, foi criado, em 5 de outubro de 1949, o Conselho Federativo Nacional (CFN) da Federação Espírita Brasileira, com a assinatura do Pacto Áureo por representantes da FEB e de Entidades Federativas Espíritas Estaduais.

2 – Instalado em 1º de janeiro de 1950 e integrado pelas Entidades Federativas Estaduais – Federações e Uniões que, por sua vez, integram os Centros Espíritas sediados nos respectivos Estados e no Distrito Federal –, o Conselho Federativo Nacional substituiu o antigo Conselho Federativo da FEB, que federava, diretamente, os Centros Espíritas de todo o país.

3 – Durante a década de 1950 foram realizadas atividades de esclarecimento junto às instituições espíritas em geral sobre

a importância e as diretrizes do trabalho de união dos espíritas e das instituições espíritas e de unificação do Movimento Espírita brasileiro.

4 – Na década de 1960, foram realizados os Simpósios Regionais em todo o Brasil, nas regiões Norte, Nordeste, Centro e Sul, enfocando, mais objetivamente, o trabalho operacional dos grupos, centros e demais instituições espíritas.

5 – No início da década de 1970, foram criados os Conselhos Zonais do CFN (Norte, Nordeste, Centro e Sul), que se reuniam uma vez a cada semestre, cada vez em uma região, para estudar temas de interesse do Movimento Espírita, escolhidos e deliberados nas Reuniões Plenárias do CFN.

6 – No período de outubro de 1975 a abril de 1977, as Entidades Federativas Estaduais que integram o CFN realizaram estudos mais aprofundados sobre o Centro Espírita, concluídos na Reunião Plenária do CFN de novembro de 1977, com a aprovação do texto "A adequação do Centro Espírita para o melhor atendimento de suas finalidades", o qual destaca "como entender o Centro Espírita em sua abrangência" e "o que cabe a ele realizar". (Anexo 1)

7 – Nessa reunião do CFN de novembro de 1977, as Entidades Federativas Estaduais decidiram continuar estudando o Centro Espírita no Quarto Ciclo de Reuniões Zonais (realizado no período de março de 1978 a novembro de 1979, em Manaus-AM, João Pessoa-PB, Brasília-DF e Porto Alegre-RS), estudo este concluído na Reunião Plenária do CFN de julho de 1980, com a aprovação do texto "Orientação ao Centro Espírita", que, enfocando o "como fazer", oferece uma série de sugestões práticas ao Centro Espírita para o exercício das suas atividades básicas, com vistas ao estudo, à difusão e à prática do Espiritismo.

8 – No Quinto Ciclo de Reuniões Zonais, foi estudado e elaborado um texto voltado à Orientação aos Órgãos e Entidades

Federativas e de Unificação do Movimento Espírita, destacando a necessidade e a importância da união dos espíritas e das instituições espíritas, oferecendo sugestões de trabalho aos órgãos federativos, especialmente em favor do Centro Espírita, e estabelecendo as diretrizes que norteiam o trabalho de unificação do Movimento Espírita, texto este aprovado em Reunião Plenária do CFN de novembro de 1983 com o título "Diretrizes da Dinamização das Atividades Espíritas". (Anexo 2)

9 – Por resolução do CFN, em reunião de novembro de 1985, os Conselhos Zonais foram transformados nas Comissões Regionais (Norte, Nordeste, Centro e Sul), as quais passaram a se reunir anualmente, no primeiro semestre, proporcionando às Entidades Federativas Estaduais, em suas respectivas regiões, a oportunidade de trocarem informações e experiências, ajudarem-se reciprocamente e unirem-se para a realização dos trabalhos que têm por objetivo colocar em prática as diretrizes anteriormente aprovadas pelo CFN, nos textos já citados, tanto para os Centros Espíritas como para os Órgãos Federativos. (Anexo 3)

10 – As Comissões Regionais do CFN foram instaladas nos anos de 1986 e 1987 e, durante 20 anos (até 2006), as Entidades Federativas Estaduais de cada região exercitaram a prática do trabalho de unificação, dialogando, trocando informações e permutando experiências em torno do seu objetivo principal que é o aprimoramento doutrinário, assistencial e administrativo dos Centros Espíritas, assim como a sua multiplicação.

11 – Nesse período, as Comissões Regionais, que iniciaram suas atividades com a presença apenas dos dirigentes das Entidades Federativas Estaduais, desdobraram o seu trabalho com outras reuniões concomitantes de áreas específicas de apoio ao Centro Espírita, tais como: *Atendimento Espiritual no Centro Espírita, Atividade Mediúnica,*

Comunicação Social Espírita, Estudo Sistematizado da Doutrina Espírita, Evangelização Espírita da Infância e da Juventude, Serviço de Assistência e Promoção Social Espírita e *Capacitação Administrativa.*

12 – Com base nesse trabalho realizado nas Comissões Regionais, foi proposto um estudo visando a um aprimoramento e atualização do texto "Orientação ao Centro Espírita" aprovado em julho de 1980, sem envolver outros textos aprovados pelo CFN; estudo este que, depois de elaborado e analisado por várias comissões, foi aprovado pelo Conselho Federativo Nacional em sua reunião de novembro de 2006 e que agora está sendo publicado.

13 – Diante da necessidade cada vez maior de uma ampla difusão da Doutrina Espírita, mediante seu estudo, sua divulgação e sua prática, ajudando e orientando o ser humano a melhor compreender a fase de transição que o nosso mundo atravessa, entendemos que o trabalho das Entidades Federativas Estaduais, unidas no Conselho Federativo Nacional da FEB, representa uma contribuição valiosa especialmente para os dirigentes e trabalhadores dos Centros Espíritas, que enfrentam desafios cada vez mais complexos para a execução dos seus nobres propósitos de colocar em prática os princípios doutrinários.

14 – Cabe ressaltar, todavia, que toda e qualquer atividade de estudo, divulgação e prática da Doutrina Espírita só será realmente correta e eficiente quando for executada dentro dos princípios morais que norteiam a prática do Evangelho de Jesus, guia e modelo para a Humanidade.

15 – Neste sentido, compete a cada trabalhador que se propuser a realizar essas atividades de difusão do Espiritismo, esforçar-se para superar suas próprias limitações na vivência dos princípios morais do Evangelho, transformando-se em pólo aglutinador e motivador de união para a realização desse trabalho, que contribui para a construção de um mundo novo

inspirado na vivência do Evangelho de Jesus à luz da Doutrina Espírita.

"Ditosos os que hajam dito a seus irmãos: 'Trabalhemos juntos e unamos os nossos esforços, a fim de que o Senhor, ao chegar, encontre acabada a obra', porquanto o Senhor lhes dirá: 'Vinde a mim, vós que sois bons servidores, vós que soubestes impor silêncio aos vossos ciúmes e às vossas discórdias, a fim de que daí não viesse dano para a obra!' Mas, ai daqueles que, por efeito das suas dissensões, houverem retardado a hora da colheita, pois a tempestade virá e eles serão levados no turbilhão!" – O Espírito de Verdade – (*O Evangelho segundo o Espiritismo*. Cap. XX, item 5, "Os Obreiros do Senhor")

Brasília, fevereiro de 2007.

Nestor João Masotti
Presidente do Conselho Federativo Nacional da Federação Espírita Brasileira

Toda atividade de estudo, divulgação e prática da Doutrina Espírita só será correta e eficiente quando executada dentro dos princípios morais do Evangelho de Jesus.

Os Centros Espíritas[1]

"Esses grupos, correspondendo-se entre si, visitando-se, permutando observações, podem, desde já, formar o núcleo da grande família espírita, que um dia consorciará todas as opiniões e unirá os homens por um único sentimento: o da fraternidade, trazendo o cunho da caridade cristã."

ALLAN KARDEC – (*O Livro dos Médiuns*, cap. XXIX, item 334)

O QUE SÃO

Os Centros Espíritas:

- São núcleos de estudo, de fraternidade, de oração e de trabalho, praticados dentro dos princípios espíritas;
- São escolas de formação espiritual e moral, que trabalham à luz da Doutrina Espírita;
- São postos de atendimento fraternal para todos os que os buscam com o propósito de obter orientação, esclarecimento, ajuda ou consolação;

[1] Baseado no texto "A adequação do Centro Espírita para o melhor atendimento de suas finalidades", aprovado pelo CFN/FEB em novembro de 1977.

- São oficinas de trabalho que proporcionam aos seus freqüentadores oportunidades de exercitarem o próprio aprimoramento íntimo pela prática do Evangelho em suas atividades;
- São casas onde as crianças, os jovens, os adultos e os idosos têm oportunidade de conviver, estudar e trabalhar, unindo a família sob a orientação do Espiritismo;
- São recantos de paz construtiva, que oferecem aos seus freqüentadores oportunidades para o refazimento espiritual e a união fraternal pela prática do "amai-vos uns aos outros";
- São núcleos que se caracterizam pela simplicidade própria das primeiras casas do Cristianismo nascente, pela prática da caridade e pela total ausência de imagens, símbolos, rituais ou outras quaisquer manifestações exteriores; e
- São as unidades fundamentais do Movimento Espírita.

SEUS OBJETIVOS

Os Centros Espíritas têm por objetivo promover o estudo, a difusão e a prática da Doutrina Espírita, atendendo as pessoas que:

- buscam esclarecimento, orientação e amparo para seus problemas espirituais, morais e materiais;
- querem conhecer e estudar a Doutrina Espírita;
- querem trabalhar, colaborar e servir em qualquer área de ação que a prática espírita oferece.

SUAS ATIVIDADES BÁSICAS

Os Centros Espíritas têm por atividades básicas:

- Realizar ***Palestras Públicas*** destinadas ao público em geral, nas quais são desenvolvidos temas abordados à luz da Doutrina Espírita;

- Realizar reuniões de ***Estudo Sistematizado da Doutrina Espírita***, de forma programada, metódica e constante, destinadas às pessoas de todas as idades e de todos os níveis culturais e sociais, que possibilitem um conhecimento abrangente e aprofundado do Espiritismo em todos os seus aspectos;
- Realizar atividades de ***Atendimento Espiritual no Centro Espírita*** para as pessoas que procuram esclarecimento, orientação, ajuda e assistência espiritual e moral, abrangendo as atividades de: recepção, atendimento fraterno, explanação do Evangelho à luz da Doutrina Espírita, passe e magnetização de água, irradiação e Evangelho no lar;
- Realizar reuniões de ***Estudo e Educação da Mediunidade***, com base nos princípios e objetivos espíritas, esclarecendo, orientando e preparando trabalhadores para as atividades mediúnicas;
- Realizar ***Reuniões Mediúnicas*** destinadas à prática da assistência aos espíritos desencarnados necessitados de orientação e esclarecimento;
- Realizar atividades de ***Evangelização Espírita da Infância e da Juventude***, de forma programada, metódica e sistematizada, atendendo a criança e o jovem, esclarecendo-os e orientando-os dentro dos princípios da Doutrina Espírita;
- Realizar atividades de ***Divulgação da Doutrina Espírita*** utilizando todos os veículos e meios de comunicação social compatíveis com os princípios espíritas, tais como: palestras, conferências, livros, jornais, revistas, boletins, folhetos, mensagens, rádio, televisão, internet, cartazes, fitas de vídeo e áudio;
- Realizar atividades do ***Serviço de Assistência e Promoção Social Espírita*** destinado a pessoas carentes que buscam ajuda material: assistindo-as em suas necessidades mais imediatas; promovendo-as por meio de cursos e trabalhos de

formação profissional e pessoal; e esclarecendo-as com os ensinos morais do Evangelho à luz da Doutrina Espírita;

- Realizar ***Atividades Administrativas*** necessárias ao seu normal funcionamento, compatíveis com a sua estrutura organizacional e com a legislação do seu país;
- Participar das atividades que têm por objetivo a ***União dos Espíritas e das Instituições Espíritas e a Unificação do Movimento Espírita***, conjugando esforços, somando experiências, permutando ajuda e apoio, aprimorando as atividades espíritas e fortalecendo a ação dos espíritas.

I – Palestras Públicas

1. FUNDAMENTAÇÃO

"Ide, pois, e levai a palavra divina: aos grandes que a desprezarão, aos eruditos que exigirão provas, aos pequenos e simples que a aceitarão; porque, principalmente entre os mártires do trabalho, desta provação terrena, encontrareis fervor e fé. Arme-se a vossa falange de decisão e coragem! Mãos à obra! O arado está pronto; a terra espera; arai! (...)

(...) Ide e agradecei a Deus a gloriosa tarefa que Ele vos confiou; mas, atenção! Entre os chamados para o Espiritismo muitos se transviaram; reparai, pois, vosso caminho e segui a verdade."

ERASTO (Allan Kardec – *O Evangelho segundo o Espiritismo*, cap. XX, item 4).

2. CONCEITO

É uma reunião pública, na qual são realizadas palestras ou conferências sobre temas relacionados com a Doutrina Espírita, voltadas a atender aos interesses da população em suas necessidades de esclarecimento e consolação.

3. FINALIDADE

O propósito desta reunião é a divulgação da Doutrina Espírita em seus aspectos científico, filosófico e religioso, sempre que possível, de forma integrada.

4. PARTICIPANTES

a) O dirigente da reunião;

b) O expositor ou conferencista;

c) Os freqüentadores do Centro Espírita.

5. DESENVOLVIMENTO DA REUNIÃO

Recomenda-se que os participantes, ao chegarem, acomodem-se no ambiente onde a atividade será desenvolvida, realizando uma leitura de página doutrinária espírita, a fim de estabelecer sintonia com os Benfeitores espirituais responsáveis pela tarefa e, por conseguinte, obter um melhor aproveitamento do tema a ser estudado, da seguinte forma:

a) Preparação do ambiente

Leitura de página doutrinária espírita pelo dirigente da reunião ou por quem este indicar, de obra a ser definida pela direção do Centro Espírita.

b) Prece inicial

Simplicidade, concisão e clareza deverão estar presentes nesta prece, a qual deverá ser proferida pelo dirigente da reunião ou por outro integrante do grupo por ele indicado.

c) Palestra ou conferência doutrinária

Um tema previamente programado será abordado, sempre de acordo com as obras da Codificação Espírita constituída pelos cinco livros básicos de Allan Kardec: *O Livro dos Espíritos*, *O Livro dos Médiuns*, *O Evangelho segundo o Espiritismo*, *O Céu e o Inferno* e *A Gênese*.

A duração desta etapa da reunião deverá ser estimada entre quarenta e sessenta minutos.

d) Prece final

Também simples e concisa, agradecendo-se a oportunidade do aprendizado, da convivência fraterna e do amparo espiritual.

A prece poderá ser realizada pelo dirigente ou por quem este indicar.

6. RECOMENDAÇÕES E OBSERVAÇÕES

a) Elaborar um programa mensal, trimestral ou anual, para as palestras que serão realizadas. Os expositores escalados deverão receber o tema com antecedência para possibilitar seu estudo e preparação, com linguagem adequada ao público a que se destina.

b) Convidar para proferir palestras apenas pessoas reconhecidamente espíritas e conhecidas dos dirigentes do Centro Espírita, para não proporcionar, inadvertidamente, apresentações de princípios contrários aos postulados espíritas.

c) Manter, se possível, no recinto designado às palestras ou conferências, recursos audiovisuais ou de multimídia que sirvam de apoio aos expositores ou conferencistas.

d) É dever do dirigente da reunião, caso o expositor faça afirmações contrárias aos princípios da Doutrina Espírita, esclarecer devidamente o assunto, ao final da palestra, com fundamento nas obras da Codificação Espírita, evitando-se constrangimentos.

e) Esta reunião poderá contar ou não com a aplicação do passe.

f) Opcionalmente pode-se reservar espaço para participação do público com perguntas e respostas.

II – Estudo Sistematizado da Doutrina Espírita*

1. FUNDAMENTAÇÃO

"Um curso regular de Espiritismo seria professado com o fim de desenvolver os princípios da Ciência e difundir o gosto pelos estudos sérios. Esse curso teria a vantagem de fundar a unidade de princípios, de fazer adeptos esclarecidos, capazes de espalhar as idéias espíritas e de desenvolver grande número de médiuns. Considero esse curso como de natureza a exercer capital influência sobre o futuro do Espiritismo e sobre suas conseqüências."

ALLAN KARDEC (*Obras Póstumas*, "Projeto 1868").

---

* **Nota da Editora:** A Federação Espírita Brasileira coloca à disposição dos Centros Espíritas e demais interessados, a título de colaboração e sugestão, programas de Estudo Sistematizado da Doutrina Espírita, fundamentados na Codificação Espírita, destinados a vários níveis de conhecimento doutrinário.

"O que caracteriza um estudo sério é a continuidade que se lhe dá."

Allan Kardec (*O Livro dos Espíritos*, Introdução, item VIII).

2. CONCEITO, FINALIDADE E CONSEQÜÊNCIAS DO ESTUDO SISTEMATIZADO DA DOUTRINA ESPÍRITA – ESDE

2.1. Conceito e finalidade

O ESDE é uma reunião privativa de grupos que visa ao estudo metódico, contínuo e sério do Espiritismo, com programação fundamentada na Codificação Espírita, constituída pelas cinco obras básicas de Allan Kardec: *O Livro dos Espíritos*, *O Livro dos Médiuns*, *O Evangelho segundo o Espiritismo*, *O Céu e o Inferno* e *A Gênese*.

2.2. Conseqüências do ESDE

O ESDE traz conseqüências bastante amplas para aqueles que o freqüentam: 1) facilita a reforma íntima; 2) garante a unidade de princípios em torno do estudo, facultando a compreensão e a assimilação corretas dos princípios doutrinários espíritas; 3) proporciona a propagação da Doutrina Espírita nas bases em que foi codificada; 4) favorece o desenvolvimento da fé raciocinada; 5) contribui para a formação de expositores mais bem preparados; 6) possibilita o entendimento do verdadeiro sentido da palavra caridade, induzindo à sua prática; 7) incentiva a participação de todos e propicia condições favoráveis para o desenvolvimento da criatividade, da colaboração e da responsabilidade.

3. ORGANIZAÇÃO E FUNCIONAMENTO DOS CURSOS DE ESDE NO CENTRO ESPÍRITA

De acordo com a estrutura do Centro Espírita, o ESDE poderá constituir um departamento ou uma área de departamento doutrinário. Em ambos os casos, a sua organização obedece a um esquema básico administrativo e pedagógico.

3.1. Administrativo

a) Coordenação geral

b) Monitoria

c) Apoio

3.2. Pedagógico

a) Programa de estudo antecipadamente organizado.

b) Metodologia coerente com o objetivo e fins dos cursos de ESDE.

c) Estabelecimento de critérios para avaliação periódica dos trabalhos, envolvendo: coordenadores, monitores e participantes, bem como os meios pedagógicos e didáticos.

4. DIVULGAÇÃO PERMANENTE DO ESDE

1. palestras públicas;
2. folhetos com mensagens de incentivo à sua implantação;
3. boletins informativos do seu desenvolvimento;
4. cartazes alusivos;

5. jornais e revistas espíritas;
6. colunas espíritas em periódicos não-espíritas;
7. programas radiofônicos e de televisão;
8. internet e outras mídias virtuais.

5. RECOMENDAÇÃO

Se o Centro Espírita não possuir uma biblioteca, sugere-se que os participantes do ESDE se mobilizem para ajudá-lo na sua criação, contendo, no mínimo, as obras indicadas nos programas de estudo.

III – Atendimento Espiritual no Centro Espírita

1. FUNDAMENTAÇÃO

> *"Vinde a mim todos vós que estais aflitos e sobrecarregados, que eu vos aliviarei. Tomai sobre vós o meu jugo e aprendei comigo que sou brando e humilde de coração e achareis repouso para vossas almas, pois é suave o meu jugo e leve o meu fardo."*
>
> JESUS (*Mateus*, 11:28 a 30; *O Evangelho segundo o Espiritismo*, cap. VI, it. 1)

2. CONCEITO

É o conjunto de atividades que visa a atender, adequadamente, as pessoas que buscam e freqüentam o Centro Espírita visando a obter esclarecimento, orientação, ajuda e assistência espiritual e moral.

3. FINALIDADE

Acolher as pessoas, por meio de ações fraternas e continuadas, de conformidade com os princípios do Evangelho à luz da Doutrina Espírita, oferecendo aos que freqüentam o Centro Espírita – em especial aos que o procuram pela primeira vez – o apoio, o esclarecimento, a consolação e o amparo de que necessitam para vencer as suas dificuldades.

4. PARTICIPANTES

a) Atendentes: Trabalhadores do Centro Espírita, devidamente capacitados para a tarefa.

b) Atendidos: Os que buscam o atendimento:

- pela primeira vez;
- como freqüentador habitual;
- como trabalhador do próprio núcleo, em estado de necessidade.

5. DESENVOLVIMENTO

O trabalho desenvolvido pelo **Atendimento Espiritual no Centro Espírita** abrange as seguintes atividades:

a) – Atividade de “Recepção”;

b) – Atividade de “Atendimento fraterno pelo diálogo”;

c) – Atividade de “Explanação do Evangelho à luz da Doutrina Espírita”;

d) – Atividade de “Atendimento pelo Passe”;

e) – Atividade de “Irradiação”;

f) – Atividade de “Evangelho no lar”; e

g) – Atividade de “Implantação do Evangelho no lar”.

III – Atendimento Espiritual no Centro Espírita

A – ATIVIDADE DE "RECEPÇÃO"

1. CONCEITO

Consiste em receber os que chegam ao Centro Espírita, de forma fraterna e solidária, conforme orienta o Evangelho à luz da Doutrina Espírita.

2. FINALIDADE

Acolher fraternalmente os que procuram o Centro Espírita, principalmente os que chegam pela primeira vez, esclarecendo, orientando e informando sobre as atividades, reuniões e cursos realizados na Casa Espírita.

A "recepção" deve estar presente em todas as atividades da Casa Espírita.

3. PARTICIPANTES

a) Um coordenador para estruturar, capacitar e coordenar as equipes de recepção para cada reunião/atividade.

b) Uma equipe de recepção escalada em número suficiente para atender a demanda de cada reunião/atividade.

4. DESENVOLVIMENTO

a) Cumprimentar e dar as boas-vindas.

b) Colocar-se à disposição para eventuais informações.

c) Colocar aquele que chega à vontade, sem constrangê-lo.

d) Orientar sobre o funcionamento do Centro Espírita, disponibilizando os diversos tipos de atividades e cursos oferecidos.

e) Responder dúvidas e indagações, de maneira clara, objetiva, direta, concisa, imprimindo afetividade, naturalidade e segurança.

f) Encaminhar o visitante à área desejada ou à pessoa que possa, de maneira mais específica, auxiliá-lo.

5. RECOMENDAÇÃO

Selecionar e capacitar, continuadamente, os colaboradores que tenham um perfil adequado para a tarefa: conhecimento evangélico-doutrinário, maturidade emocional, bom senso, simpatia, alegria, afetividade, naturalidade e segurança.

III – Atendimento Espiritual no Centro Espírita

B – ATIVIDADE DE "ATENDIMENTO FRATERNO PELO DIÁLOGO"

1. CONCEITO

O Atendimento Fraterno pelo Diálogo consiste em receber fraternalmente aquele que busca o Centro Espírita, dando-lhe a oportunidade de expor, livremente e em caráter privativo e sigiloso, suas dificuldades e necessidades.

2. FINALIDADE

Acolher, de forma fraterna e solidária, dentro dos princípios do Evangelho à luz da Doutrina Espírita, ouvindo e orientando com respeito, atenção e humildade aquele que:

a) Deseja fazer uma visita e/ou integrar-se às atividades do Centro Espírita;

b) Deseja receber ajuda material e/ou espiritual;

c) Deseja informação ou estudo;

d) Necessita de assistência, orientação doutrinária ou amparo;

e) Tem interesse em conhecer a Doutrina Espírita e o trabalho espírita.

3. PARTICIPANTES

a) Um coordenador para organizar, capacitar e coordenar a equipe para a atividade.

b) Uma equipe em número suficiente para atender a demanda das atividades de recepção, encaminhamento e diálogo.

c) Os que buscam esclarecimento, amparo, orientação ou consolo.

4. DESENVOLVIMENTO DAS ATIVIDADES

a) **Acolhimento**: Acolher fraternalmente quem chega, identificando o motivo de sua vinda e oferecendo-lhe os recursos de que o Centro Espírita dispõe para atendê-lo na sua necessidade: cursos, reuniões, evangelização da criança e do jovem e outros.

b) **Diálogo fraterno**:

b.1 – Receber o visitante, ouvindo-o e identificando-lhe os problemas, carências ou aspirações, orientando-o segundo os princípios evangélicos à luz da Doutrina Espírita.

b.2 – Reerguer a auto-estima e a esperança, esclarecendo-o de que, com apoio espiritual, somente ele poderá mudar o quadro de sua preocupação, através da própria posição mental e renovação íntima.

b.3 – Orientar, sempre, para a necessidade da realização do Evangelho no Lar, estimulando-o para o desenvolvimento do hábito da leitura saudável e para o estudo, sugerindo os livros adequados da Codificação Espírita e obras complementares.

b.4 – Após as devidas orientações, se necessário, encaminhá-lo para a reunião de explanação do Evangelho e para o passe.

c) **Encaminhamento**: Quando for o caso, encaminhar o atendido para as palestras, reuniões, cursos ou outras atividades da casa, compatíveis com as suas possibilidades.

5. RECOMENDAÇÃO

Selecionar e capacitar, continuadamente, os colaboradores que tenham um perfil adequado para a tarefa: conhecimento evangélico-doutrinário, maturidade emocional, bom senso, empatia, alegria, afetividade, naturalidade e segurança.

III – Atendimento Espiritual no Centro Espírita

C – ATIVIDADE DE "EXPLANAÇÃO DO EVANGELHO À LUZ DA DOUTRINA ESPÍRITA"

1. CONCEITO

É uma reunião pública para a explanação do Evangelho à luz da Doutrina Espírita, de maneira programada e com uma seqüência de trabalho previamente estabelecida.

2. FINALIDADES

a) Analisar e expor ao público presente, de forma simples e objetiva, o conteúdo de *O Evangelho segundo o Espiritismo*, destacando os ensinos morais do Evangelho à luz dos esclarecimentos espíritas;

b) Consolar e esclarecer aos que se acham em dificuldades pela desencarnação de entes queridos, separações, conflitos, doenças, depressões etc.

c) Amparar, erguer e orientar doutrinariamente sobre as causas das aflições e os meios para compreendê-las.

3. PARTICIPANTES

a) Um dirigente para iniciar, coordenar e encerrar a reunião;

b) Um colaborador para fazer a leitura de harmonização e/ou preces;

c) Um expositor, para a palestra;

d) Público que busca o esclarecimento e o consolo à luz da Doutrina Espírita.

4. DESENVOLVIMENTO DAS ATIVIDADES

a) Preparação: Ler página evangélico-doutrinária para harmonização.

b) Prece inicial: Fazer uma prece concisa, simples, inteligível, objetiva, clara e audível, buscando na sintonia com o Plano Maior a própria harmonização íntima.

c) Explanação: Ler e comentar os itens de *O Evangelho segundo o Espiritismo* em estudo seqüencial (30 a 35 min).

d) Irradiações: Fazer irradiações (também conhecida por vibrações) em benefício da fraternidade universal, pelo entendimento entre as religiões e pela paz entre os homens.

e) Prece final: Fazer uma prece concisa, simples, inteligível, objetiva, clara e audível, agradecendo a oportunidade do aprendizado, da convivência fraterna e do amparo espiritual.

5. RECOMENDAÇÕES

a) Selecionar e capacitar, continuadamente, os colaboradores que tenham um perfil adequado para a tarefa: conhecimento evangélico-doutrinário, facilidade para falar em público, maturidade emocional, bom senso, simpatia, alegria, afetividade, naturalidade e segurança.

b) Aplicam-se a este item as "Recomendações Específicas" referente ao Capítulo I – Palestras Públicas.

III – Atendimento Espiritual no Centro Espírita

D – ATIVIDADE DE "ATENDIMENTO PELO PASSE"

1. CONCEITO

O Passe, à luz da Doutrina Espírita, é uma transmissão de energias fluídicas de uma pessoa – conhecida como médium passista – para a outra pessoa que as recebe, em clima de prece, com a assistência dos Espíritos Superiores.

2. FINALIDADE

O Atendimento pelo Passe visa a oferecer aos que necessitam e desejam receber os fluidos de reequilíbrio e de paz oferecidos pelos Benfeitores espirituais por intermédio dos colaboradores encarnados, de maneira simples, organizada e com um planejamento previamente estabelecido.

3. PARTICIPANTES

a) Um coordenador da tarefa.

b) Aplicadores de passes (médiuns passistas).

c) Um responsável pelo encaminhamento das pessoas.

d) Interessados em receber o passe.

4. DESENVOLVIMENTO DAS ATIVIDADES

Ao término da atividade de explanação do Evangelho à luz da Doutrina Espírita:

a) A equipe de trabalhadores do atendimento pelo passe, com seu coordenador, deverá reunir-se no local destinado aos passes (se possível uma sala), para a prece preparatória em conjunto;

b) Fazer o encaminhamento para o local dos passes de um número de pessoas compatível com o número de aplicadores de passe;

c) Mantido o estado de prece, cada aplicador de passe (médium passista) atenderá, individualmente, um assistido;

d) Após o passe, cada atendido poderá receber um copo (individual e descartável) com água magnetizada com as vibrações da prece (também conhecida como água fluidificada), e retirar-se.

e) Após o término dos atendimentos, a atividade será finalizada com uma prece de encerramento, podendo o coordenador indicar alguém do grupo para fazê-la.

5. RECOMENDAÇÕES E OBSERVAÇÕES

a) Selecionar e capacitar, continuadamente, os colaboradores que tenham um perfil adequado para a tarefa: conhecimento evangélico-doutrinário, maturidade emocional, bom senso, simpatia, alegria, afetividade, naturalidade e segurança.

b) Utilizar sala própria ou discretamente isolada, contendo cadeiras para os atendidos, em número correspondente ao de colaboradores.

c) Convidar, antes do início da tarefa, os colaboradores escalados para a aplicação do passe para ouvirem a explanação do Evangelho à luz da Doutrina Espírita.

d) Aplicar o passe com simplicidade, sem gesticulação exagerada ou respiração ofegante, sem bocejo ou articulação de palavras.

e) Evitar o toque direto no atendido, por desnecessário e inconveniente, e a passividade para comunicação mediúnica.

f) As pessoas impossibilitadas de se locomoverem de sua residência poderão receber os benefícios do passe por uma equipe de aplicadores – nunca por uma só pessoa – designada pelo coordenador da atividade.

g) Utilizar música suave no ambiente.

III – Atendimento Espiritual no Centro Espírita

E – ATIVIDADE DE "IRRADIAÇÃO"

1. CONCEITO

É uma reunião privativa de vibração em conjunto para irradiar energias de paz, de amor e de harmonia, inspiradas na prática do Evangelho à luz da Doutrina Espírita, em favor de encarnados e desencarnados carentes de atendimento espiritual.

2. FINALIDADE

Amparar e fortalecer os carentes de atendimento espiritual e os trabalhadores do Centro Espírita e do Movimento Espírita.

3. PARTICIPANTES

a) Um coordenador.

b) Colaboradores – treinados na irradiação e disciplina mental, para a sustentação vibratória.

4. DESENVOLVIMENTO DAS ATIVIDADES

a) Leitura preparatória.

b) Prece inicial.

c) Vibrações.

d) Prece final.

- *Tempo previsto para a reunião: no máximo, uma hora.*

5. RECOMENDAÇÕES

a) Utilizar música suave no ambiente.

b) Usar para a preparação do ambiente, de preferência, os livros de mensagens como: *Pão Nosso*; *Caminho, Verdade e Vida*; *Fonte Viva*; *Vinha de Luz* e *Palavras de Vida Eterna.*

c) Selecionar e capacitar, continuadamente, os colaboradores que tenham o propósito de ajudar e um perfil adequado para a tarefa: conhecimento evangélico-doutrinário, maturidade emocional, bom senso, afetividade, naturalidade e segurança.

III – Atendimento Espiritual no Centro Espírita

F – ATIVIDADE DE "EVANGELHO NO LAR"

1. CONCEITO

É uma reunião semanal da família, em dia e hora previamente estabelecidos, para o estudo do Evangelho à luz da Doutrina Espírita e a oração em conjunto.

2. FINALIDADE

Estudar *O Evangelho segundo o Espiritismo* de maneira programada; criar o hábito do estudo evangélico e da oração em família; higienizar espiritualmente o lar por meio de pensamentos e sentimentos elevados em momentos de prece, paz e união; fortalecer os laços da afinidade familiar.

3. PARTICIPANTES

Todas as pessoas integrantes do lar, incluindo as crianças e eventuais visitantes.

4. DESENVOLVIMENTO DAS ATIVIDADES

a) Leitura de uma página de um livro de mensagens – como *Fonte Viva, Vinha de Luz, Pão Nosso, Caminho Verdade e Vida* –, visando à harmonização e sintonia de todos;

b) Prece inicial;

c) Leitura e comentários de *O Evangelho segundo o Espiritismo* ou de página evangélica, com a participação de todos os presentes. O estudo poderá ser enriquecido com histórias ou narrativas de fatos reais vinculadas ao assunto;

d) Poderão ser feitas vibrações pelos familiares, amigos, enfermos e outros;

e) Prece de encerramento.

5. RECOMENDAÇÕES E OBSERVAÇÕES

a) Escolher ambiente na casa que melhor acomode a família e demais participantes da atividade.

b) Realizar a reunião do Evangelho no lar semanalmente, em dia e hora previamente estabelecidos.

c) Colocar água para ser magnetizada pelos Benfeitores espirituais.

d) Abster-se de manifestações mediúnicas.

e) Convidar as crianças a participar com canto, poesia, histórias, prece e comentários, conforme sua capacidade ou possibilidade.

f) Evitar suspender a reunião por motivo de passeios, acontecimentos fúteis ou de visitas inesperadas, que deverão ser convidadas a participar.

g) Manter conversação edificante antes, durante ou depois da reunião.

h) Evitar ultrapassar o tempo de uma hora para a realização da reunião. Se houver crianças, reduzir o tempo.

i) O texto para leitura e reflexão poderá ser colhido nos livros *O Evangelho Segundo o Espiritismo*, *Evangelho em casa*, *Jesus no Lar* e outros caracterizados pelo estudo da moral cristã à luz da Doutrina Espírita.

III – Atendimento Espiritual no Centro Espírita

G – ATIVIDADE DE "IMPLANTAÇÃO DO EVANGELHO NO LAR"

1. CONCEITO

Atividade de apoio à implantação de reuniões do Evangelho no lar.

2. FINALIDADE

Incentivar e colaborar na implantação do Evangelho no lar junto aos freqüentadores e trabalhadores do Centro Espírita.

3. PARTICIPANTES

a) Uma equipe, devidamente preparada, formada por um coordenador e visitadores, para prestar atendimento e colaboração na fase inicial.

b) Pessoas interessadas na implantação do Evangelho no lar junto à sua família.

4. DESENVOLVIMENTO

a) Reunião preparatória no Centro Espírita com a prece em conjunto e leitura evangélica;

b) Visita aos lares que solicitaram atendimento, realizando o Evangelho no lar conforme o roteiro recomendado no item anterior;

5. RECOMENDAÇÕES

a) Realizar a visitação semanalmente ou quinzenalmente, porém sempre em dia e hora fixos.

b) Demorar-se nos lares visitados apenas o tempo necessário.

c) Evitar lanches que caracterizem uma obrigação para o visitado.

d) Evitar, durante a visita, manifestações mediúnicas.

e) Levar livros adequados à tarefa.

f) Convidar a família visitada a participar das atividades que o Centro Espírita realiza: Explanação do Evangelho à luz da Doutrina Espírita; Evangelização Espírita da Infância e da Juventude; Estudo Sistematizado e outras.

g) Manter a visitação até que a família se sinta segura para realizar a reunião.

h) Não permitir a distribuição de doações materiais nesta tarefa.

i) Incentivar e divulgar a realização do Evangelho no lar por meio de folhetos, espaços radiofônicos, revistas, jornais, internet e outros meios de comunicação, evidenciando os benefícios dessa reunião familiar.

j) Esclarecer o caráter espírita do trabalho aos que solicitarem as visitas.

IV – Estudo e Educação da Mediunidade*

1. FUNDAMENTAÇÃO

"Para conhecer as coisas do mundo visível e descobrir os segredos da Natureza material, outorgou Deus ao homem a vista corpórea, os sentidos e instrumentos especiais. (...) Para penetrar no mundo invisível, deu-lhe a mediunidade".

ALLAN KARDEC (O *Evangelho segundo o Espiritismo*, cap. 28, item 9).

"A mediunidade é aquela luz que seria derramada sobre toda carne e prometida pelo Divino Mestre aos tempos do Consolador, atualmente em curso na Terra."

F.C.XAVIER – EMMANUEL (*O Consolador*, questão 382).

---

* **Nota da Editora:** A Federação Espírita Brasileira coloca à disposição dos Centros Espíritas e demais interessados, a título de colaboração e sugestão, programas teóricos e práticos de Estudo e Educação da Mediunidade, fundamentados na Codificação Espírita, destinados à capacitação de trabalhadores para as atividades mediúnicas à luz da Doutrina Espírita.

2. CONCEITO

É uma reunião privativa e prioriza a participação efetiva dos inscritos, por meio de atividades grupais e plenárias para o Estudo e Educação da Mediunidade no Centro Espírita.

3. FINALIDADE

Estudar de forma metódica, contínua e séria, a teoria e a prática da mediunidade, à luz da Doutrina Espírita e do Evangelho de Jesus.

4. PARTICIPANTES

O Estudo e Educação da Mediunidade destina-se a pessoas adultas que possuam conhecimento básico da Doutrina Espírita, freqüentadoras e colaboradoras nas atividades do Centro Espírita, portadoras ou não de mediunidade ostensiva (dotadas especialmente de psicofonia, psicografia, vidência e audiência), e que pretendam aprofundar o conhecimento doutrinário no campo da mediunidade.

5. DESENVOLVIMENTO DO ESTUDO

5.1. Estrutura administrativa

- Coordenador geral
- Coordenador adjunto
- Monitores
- Pessoal de apoio: doutrinário, pedagógico, de secretaria, de biblioteca etc.

5.2. Programa

O programa deve ter uma seqüência gradual de transmissão do conhecimento da Doutrina Espírita, dos princípios que norteiem o emprego da mediunidade e da Moral contida no Evangelho de Jesus. O programa deve ser desenvolvido, no mínimo, em dois níveis. No primeiro, de natureza mais teórica, enfatiza-se o conhecimento geral da mediunidade, aprofundando o estudo de temas desenvolvidos nos cursos básicos de Espiritismo. No segundo prioriza-se a realização da prática mediúnica propriamente dita, que deve ser conduzida por pessoas experientes.

6. RECOMENDAÇÕES E OBSERVAÇÕES

a) O número de participantes, por turma, não deve exceder a 25.

b) As turmas são organizadas segundo o número de participantes previamente inscritos.

c) Os participantes portadores de mediunidade ostensiva, em condições harmônicas, poderão também freqüentar reunião mediúnica, a critério do dirigente, desde que não se afastem do estudo.

d) Os participantes que se revelem necessitados de assistência espiritual devem ser encaminhados para as atividades de Atendimento Espiritual do Centro Espírita. Podem permanecer no estudo, caso revelem condições para isso.

e) Os integrantes do estudo devem freqüentar reuniões de *Explanação do Evangelho à Luz da Doutrina Espírita*, existentes no Centro Espírita, e serem orientados quanto à importância de se realizar o Evangelho no lar.

f) Importa considerar que a realização do Estudo e Educação da Mediunidade nem sempre indica que os participantes devam ser encaminhados a grupo mediúnico. Isto porque, além da capacitação doutrinária propriamente dita, é necessário que o candidato à prática mediúnica revele possuir condições psicológicas, éticas e morais compatíveis com a natureza do trabalho.

V – Reunião Mediúnica

1. FUNDAMENTAÇÃO

"E, saindo ele do barco, lhe saiu logo ao seu encontro, dos sepulcros, um homem com espírito imundo, o qual tinha a sua morada nos sepulcros, e nem ainda com cadeias o podiam prender. (...) E perguntou-lhe: Qual é o teu nome? E lhe respondeu, dizendo: Legião é o meu nome, porque somos muitos."

JESUS (*Marcos*, 5:2,3 e 9)

"Todo aquele que sente, num grau qualquer, a influência dos Espíritos é, por esse fato, médium. Essa faculdade é inerente ao homem; não constitui, portanto, um privilégio exclusivo. Por isso mesmo, raras são as pessoas que dela não possuam alguns rudimentos. Pode, pois, dizer-se que todos são, mais ou menos, médiuns. Todavia, usualmente, assim só se qualificam aqueles em quem a faculdade mediúnica se mostra bem caracterizada e se traduz por efeitos patentes, de certa intensidade, o que então depende de uma organização mais ou menos sensitiva."

ALLAN KARDEC (*O Livro dos Médiuns*. Segunda parte, cap. 14, item 159).

"O primeiro inimigo do médium reside dentro dele mesmo. Freqüentemente é o personalismo, é a ambição, a ignorância ou a rebeldia no voluntário desconhecimento dos seus deveres à luz do Evangelho, fatores de inferioridade moral que, não raro, o conduzem à invigilância, à leviandade e à confusão dos campos improdutivos."

F.C.Xavier – Emmanuel (*O Consolador*, questão 410).

2. CONCEITO

É uma atividade privativa, na qual se realiza o serviço de assistência aos Espíritos necessitados, integrada por trabalhadores que possuam conhecimento e formação espírita compatível com a seriedade da tarefa.

3. FINALIDADES

a) Exercitar a faculdade mediúnica de forma saudável e segura, em perfeita harmonia com os princípios da Doutrina Espírita e do Evangelho de Jesus.

b) Manter intercâmbio mediúnico com Espíritos desencarnados, participando do trabalho de auxílio aos que necessitam de amparo e de assistência espiritual, assim como refletir a respeito das orientações e esclarecimentos transmitidos pelos benfeitores da Vida Maior.

c) Auxiliar encarnados e desencarnados envolvidos em processo de reajuste espiritual.

d) Cooperar com os Benfeitores espirituais no trabalho de fortalecimento do Centro Espírita e na assistência espiritual aos seus trabalhadores.

e) Exercitar a humildade, a fraternidade e a solidariedade no trato com encarnados e desencarnados em sofrimento, empenhando-se no esforço de transformação moral.

4. PARTICIPANTES

a) Dirigente e substituto;

b) Médiuns ostensivos (psicofônicos, psicógrafos, videntes, audientes etc.);

c) Médiuns esclarecedores (de inspiração para o diálogo);

d) Médiuns de passe;

e) Equipe de apoio.

5. DESENVOLVIMENTO DA REUNIÃO

5.1. Fase preparatória

- Leitura inicial de uma página evangélico-doutrinária, sem comentários.
- Prece de abertura da reunião, clara, simples e concisa.
- Leitura e breve comentário de trecho de O *Evangelho segundo o Espiritismo* ou de *O Livro dos Espíritos*.

5.2. Fase de manifestação dos Espíritos

- Caracterizada pela manifestação dos Espíritos e o diálogo que com eles se realiza, objetivando esclarecimento e ajuda. O tempo destinado a esta fase da reunião deve ficar em torno de sessenta minutos.

5.3. Fase de encerramento

- Irradiações ou vibrações mentais: estas podem ter um caráter geral (paz mundial, fraternidade entre os homens, união dos trabalhadores espíritas etc.) ou específico (doentes, espíritos necessitados etc.).
- Prece final: semelhante à que foi realizada no início da reunião, agradecendo-se, porém, a oportunidade de aprendizado, da convivência fraterna e do amparo espiritual.
- Avaliação: representa o momento em que cada participante relata o que percebeu durante a reunião, oferecendo, assim, subsídios à melhoria contínua do trabalho. Esta avaliação é restrita ao grupo, devendo-se evitar comentários fora do ambiente da reunião.

▪ *O tempo de duração desta reunião deve ficar em torno de 90 min.*

6. RECOMENDAÇÕES E OBSERVAÇÕES

a) O número de participantes da reunião mediúnica deve ficar em torno de 15 pessoas.

b) Os integrantes do grupo devem buscar o permanente aperfeiçoamento do seu conhecimento doutrinário.

c) O trabalhador da reunião mediúnica deve comprometer-se com a preservação da harmonia do grupo, cultivando, incessantemente, disposições morais compatíveis com os princípios espíritas.

d) No dia, iniciada a reunião, não deve ser permitida a entrada de outras pessoas.

e) A prática mediúnica deve primar pela espontaneidade, evitando-se a evocação de entidades espirituais. Cabe à direção espiritual a seleção de desencarnados que deverão manifestar-se na reunião.

f) Não se deve solicitar dados de identificação do Espírito comunicante, considerando-se que, se necessário, serão espontaneamente fornecidos pelo Espírito.

g) Os médiuns devem ter controle sobre as próprias manifestações mediúnicas, agindo com compostura e respeito.

h) Cabe ao médium, também, conscientizar-se de que não é detentor de missão de avultada transcendência, mas simples colaborador do mundo espiritual.

i) Deve-se evitar a presença de pessoas necessitadas de auxílio espiritual durante a fase de manifestação dos Espíritos.

j) O atendimento dado ao Espírito necessitado deve ser caracterizado pelo sentimento de fraternidade, gentileza e sincero propósito de ajudar, evitando-se diálogo muito prolongado.

k) O dirigente da reunião pode admitir eventuais visitantes ao trabalho mediúnico, desde que essa medida seja útil e que eles possuam condições de participar da atividade.

l) Condições recomendáveis aos participantes:

I. Possuir conhecimento básico da Doutrina Espírita.

II. Possuir idade igual ou superior a 18 anos.

III. Colaborar em outras atividades do Centro Espírita, para ampliar o amparo espiritual de que necessita.

IV. Cultivar o hábito de estudo e de oração.

V. Realizar o Evangelho no lar.

VI. Apresentar condições físicas e emocionais necessárias à participação na reunião mediúnica.

VII. Demonstrar disciplina, pontualidade e assiduidade perante o compromisso assumido.

VIII. Esforçar-se na busca do aprimoramento moral pela vivência do Evangelho à luz dos ensinos espíritas.

VI – Evangelização Espírita da Infância e da Juventude*

1. FUNDAMENTAÇÃO

"Qual é, para o Espírito, a utilidade de passar pelo estado de infância?"

"Encarnando com o objetivo de se aperfeiçoar, o Espírito, durante esse período, é mais acessível às impressões que recebe e que podem auxiliar o seu adiantamento, para o qual devem contribuir os que estão encarregados de educá-lo."

ALLAN KARDEC (*O Livro dos Espíritos*, questão 383).

* **Nota da Editora:** A Federação Espírita Brasileira coloca à disposição dos Centros Espíritas e demais interessados, a título de colaboração e sugestão, o *Currículo para Escolas de Evangelização Espírita Infanto-juvenil* e coleções de planos de aulas de Evangelização Espírita Infanto-juvenil para todas as faixas etárias.

> *"O Centro Espírita, consciente de sua missão, deve envidar todos os esforços, não só para a criação das Escolas de Evangelização Espírita Infanto-juvenil*[1] *como para seu pleno funcionamento, considerando a sua importância em termos da formação moral das novas gerações e da preparação dos futuros obreiros da Casa e do Movimento espíritas. (...)"*
>
> *O Que é Evangelização?* (FEB, 1987, p. 21).

2. CONCEITO

A Evangelização Espírita da Infância e da Juventude é uma atividade de estudo e vivência da Doutrina Espírita e do Evangelho de Jesus de forma sistemática, metódica, atendendo e esclarecendo crianças e jovens na faixa etária de 3 a 21 anos.

"O ensinamento espírita e a moral evangélica são os elementos com os quais trabalhamos em nossas aulas. Esses conhecimentos são levados aos alunos por meio de situações práticas da vida, pois a metodologia empregada pretende que o aluno reflita e tire conclusões próprias dos temas estudados, pois só assim se efetiva a aprendizagem real".[2]

3. OBJETIVOS

a) Promover o conhecimento dos ensinos morais do Evangelho de Jesus à luz da Doutrina Espírita para crianças e jovens.

b) Promover a integração do evangelizando: consigo mesmo, com o próximo e com Deus.

c) Proporcionar ao evangelizando o estudo da lei natural que rege o Universo, da "natureza, origem e destino dos Espíritos bem como de suas relações com o mundo corporal".

---

[1] Entenda-se por atividade de Evangelização Espírita Infanto-juvenil.

[2] *O que é Evangelização?* Fundamentos da Evangelização Espírita da Infância e da Juventude, FEB, 1987, p. 38.

d) "Oferecer ao evangelizando a oportunidade de perceber-se como homem integral, crítico, consciente, participativo, herdeiro de si mesmo, cidadão do Universo, agente de transformação de seu meio, rumo a toda perfeição de que é suscetível."[3]

4. FINALIDADES

a) Propiciar meios para que se alcancem os objetivos da Evangelização.

b) Divulgar a importância da evangelização das novas gerações.

c) Promover o aperfeiçoamento doutrinário-pedagógico dos Evangelizadores.

d) Ministrar os conhecimentos da Doutrina Espírita, ensejando atividades de vivência desses conhecimentos.

e) Conceder aos jovens oportunidades de desempenhar tarefas compatíveis com as suas possibilidades no Centro Espírita.

f) Conscientizar os jovens de que serão os continuadores nas atividades do Movimento Espírita.

g) Favorecer o intercâmbio do jovem com outras juventudes e sua integração no Movimento Espírita em geral.

5. PARTICIPANTES

a) Diretor ou responsável do departamento, área ou setor correspondente.

b) Coordenadores dos setores.

c) Evangelizadores da Infância e da Juventude.

e) Evangelizandos da Infância.

f) Evangelizandos da Juventude.

g) Pais e responsáveis legais.

[3] *Currículo para Escolas de Evangelização Espírita Infanto-juvenil*, Cecília Rocha e equipe. Rio de janeiro: Ed. FEB, 1998, p. 13.

6. ORGANIZAÇÃO DA EVANGELIZAÇÃO ESPÍRITA DA INFÂNCIA E JUVENTUDE

O Centro Espírita deve organizar as atividades da Evangelização Espírita Infanto-juvenil em um seu departamento, área ou setor, dividindo-o em setores, divisões ou coordenadorias específicas para a Infância e para a Juventude, atendendo as necessidades próprias de cada faixa etária.

As atividades da Evangelização Espírita da Infância e da Juventude podem ter em sua estrutura setores de apoio tais como: de secretaria, de organização de material didático, de artes, de reunião de pais e evangelizadores, dentre outras.

7. FUNCIONAMENTO

7.1. Infância

Na Evangelização Infantil serão atendidas crianças com idade entre 3 e 12 anos, se possível distribuídas em turmas, que devem funcionar em sala própria e ser orientadas por, pelo menos, um orientador ou evangelizador.

Observação: Na falta de salas ou de evangelizadores, pode-se adotar o critério dos horários diferentes de funcionamento ou o das classes aglutinadas, neste caso, adotando o programa de estudo de acordo com a média de idade das crianças presentes.

7.2. Juventude

Na Evangelização Juvenil, serão atendidos jovens de 13 a 21 anos, distribuídos em turmas, que deverão funcionar com, pelo menos, um orientador ou evangelizador.

Observação: Na impossibilidade de efetuar-se a divisão proposta, por falta de salas e/ou orientador e evangelizador, os jovens poderão ser reunidos observando-se a média das idades, adotando-se o programa de estudo compatível com a idade dos presentes.

8. RECOMENDAÇÕES

a) O Centro Espírita deve ter um programa de ensino que poderá ser próprio ou ser oferecido pelos Órgãos Federativos e de Unificação Municipal, Regional, Estadual ou Nacional.

b) A Evangelização da Infância e da Juventude no Centro Espírita deverá funcionar semanalmente, com aulas ministradas no período de uma hora ou uma hora e trinta minutos. A título de férias, as atividades poderão ser interrompidas, nos meses que se achar conveniente.

c) Os métodos e processos de ensino devem ser adaptados à situação real do Centro Espírita, isto é, às possibilidades dos alunos, das salas de aula, do número de evangelizadores etc.

d) Nas reuniões da Evangelização Espírita da Infância e da Juventude não deverá haver atividade mediúnica. Os evangelizandos que necessitarem de assistência espiritual serão encaminhados às reuniões próprias do Centro Espírita.

e) Os evangelizadores e evangelizandos das últimas turmas de Juventude poderão constituir uma equipe para auxiliar nas programações, atividades e eventos da Infância e Juventude.

f) As atividades dos jovens junto a outros setores, ou fora do Centro Espírita, devem ser sempre orientadas pelo dirigente/coordenador da Juventude ou pela Diretoria do Centro.

g) Propiciar aos jovens a capacitação para desempenhar atividades no Centro Espírita tais como: colaboração nas aulas para crianças, prestação de serviços nos setores de secretaria, tesouraria, informática e atividades assistenciais; colaboração nas reuniões públicas, doutrinárias, quer ocupando a tribuna, quer realizando outras atividades programadas para essas reuniões, e ajudar na divulgação da Doutrina.

h) Os responsáveis pelo Centro Espírita devem divulgar constantemente a tarefa de Evangelização da Infância e da Juventude aproveitando todas as palestras públicas para esclarecimentos relativos à sua importância, utilizando cartazes e murais com incentivos e notícias, periódicos para salientar a relevância da tarefa e neles publicar trabalhos das crianças e jovens, entre outros procedimentos.

i) O Centro Espírita deverá criar condições para melhorar o funcionamento da Evangelização da Infância e da Juventude, podendo utilizar todos os espaços disponíveis.

j) Criar, no Centro Espírita, reuniões de pais, responsáveis e evangelizadores, com os objetivos de: demonstrar o valor do trabalho de evangelização; conscientizá-los quanto à sua importância na formação da criança e do jovem; estabelecer a harmonia na orientação das novas gerações, e promover a integração Família e Centro Espírita.

k) Na atividade de recreação externa, com a presença de crianças e jovens, onde exista exposição a riscos, recomenda-se solicitar o apoio de órgãos de segurança, como o Corpo de Bombeiros e Defesa Civil.

VII – Divulgação da Doutrina Espírita

1. FUNDAMENTAÇÃO

"Ide por todo o mundo e pregai o Evangelho a toda a criatura."

JESUS (*Marcos*, 16:15)

"Uma publicidade em larga escala, feita nos jornais de maior circulação, levaria ao mundo inteiro, até as localidades mais distantes, o conhecimento das idéias espíritas, despertaria o desejo de aprofundá-las e, multiplicando-lhes os adeptos, imporia silêncio aos detratores, que logo teriam de ceder, diante do ascendente da opinião geral."

ALLAN KARDEC (*Obras Póstumas*, "Projeto 1868").

"Ide, pois, e levai a palavra divina: aos grandes que a desprezarão, aos eruditos que exigirão provas, aos pequenos e simples que a aceitarão; porque, principalmente entre os mártires do trabalho, desta provação terrena, encontrareis fervor e fé. Arme-se a

vossa falange de decisão e coragem! Mãos à obra! o arado está pronto; a terra espera; arai!"

Erasto (*O Evangelho segundo o Espiritismo*, cap. XX, item 4).

"...o Espiritismo nos solicita uma espécie permanente de caridade – a caridade da sua própria divulgação."

Emmanuel (*Estude e viva*, cap. 40, FEB).

2. CONCEITO

Divulgar é a ação de tornar públicos e comunicar conceitos, fatos e conhecimentos, bem como compartilhar idéias, sentimentos e atitudes.

3. FINALIDADE

Realizar o trabalho de divulgação da Doutrina Espírita por meio de todos os veículos de comunicação social compatíveis com os princípios ético-morais espíritas.

4. ORGANIZAÇÃO

Na medida do possível, deve-se organizar uma equipe para desenvolver o trabalho de divulgação da Doutrina Espírita. Como são múltiplos e diferenciados os meios de divulgação da Doutrina Espírita, é recomendável que o trabalho seja realizado por meio de equipe própria, que atuará sob a supervisão da diretoria do Centro Espírita.

4.1. Desenvolvimento das atividades

O trabalho de divulgação da Doutrina Espírita poderá ser desenvolvido por meio de:

- Realização de eventos como palestras ou conferências públicas, acompanhadas ou não de apresentações artísticas, observando-se sempre a fidelidade doutrinária;
- Utilização de recursos de multimídia;
- Publicação e distribuição gratuita de mensagens, folhetos, jornais, revistas e livros espíritas;
- Elaboração e distribuição de boletim informativo das atividades realizadas pelo Centro Espírita;
- Edição de jornal ou revista para circulação interna e externa;
- Venda de livros, jornais e revistas espíritas;
- Organização de biblioteca;
- Produção e difusão de programas de rádio e televisão;
- Utilização de coluna espírita em periódicos não espíritas;
- Implantação e manutenção de página na internet.

5. RECOMENDAÇÕES E OBSERVAÇÕES

a) Deve ser providenciada autorização prévia de cessão de direitos autorais para as gravações ou outra qualquer forma de edição.

b) Na distribuição de livros, deve-se dar preferência às obras da Codificação Espírita, particularmente *O Livro dos Espíritos* e *O Evangelho segundo o Espiritismo.*

c) O Centro Espírita deve cuidar para que o material destinado à publicação seja escrito de forma simples e objetiva, aliando fidelidade doutrinária e clareza da forma, a fim de que possa atingir a todos os interessados.

d) Os meios de comunicação devem ser utilizados tão-somente para a divulgação do Espiritismo, realçando os seus aspectos esclarecedor e consolador de interesse do grande público, evitando-se personalismos.

e) A venda de livros, jornais e revistas espíritas deve ser realizada de tal forma que não venha a ser interpretada como retribuição ou pagamento pelos benefícios recebidos nas atividades doutrinárias ou assistenciais da instituição.

f) Nas palestras públicas, a direção do Centro Espírita deve cuidar para que não sejam veiculadas as campanhas relacionadas com arrecadação de recursos materiais e promoções assistenciais.

g) Na organização de biblioteca, selecionar livros e periódicos de interesse do estudo e da difusão da Doutrina Espírita e, se possível, devem ser observadas as regras e orientações da Biblioteconomia.

VIII – Serviço de Assistência e Promoção Social Espírita*

1. FUNDAMENTAÇÃO

> *"Então, responder-lhe-ão os justos: Senhor, quando foi que te vimos com fome e te demos de comer, ou com sede e te demos de beber? – Quando foi que te vimos sem teto e te hospedamos; ou despido e te vestimos? – E quando foi que te soubemos doente ou preso e fomos visitar-te? – O Rei lhes responderá: Em verdade vos digo, todas as vezes que isso fizestes a um destes mais pequeninos dos meus irmãos, foi a mim que o fizestes."*
>
> JESUS (*Mateus*, 25:37 a 40).

* **Nota da Editora:** A Federação Espírita Brasileira coloca à disposição dos Centros Espíritas e demais interessados, a título de colaboração e sugestão, o *Manual de Apoio do Serviço de Assistência e Promoção Social Espírita*, destinado a oferecer orientações mais detalhadas para as diversas atividades assistenciais e promocionais do ser humano, realizadas à luz da Doutrina Espírita.

"Qual o verdadeiro sentido da palavra caridade, tal como a entendia Jesus?

"Benevolência para com todos, indulgência para as imperfeições dos outros, perdão das ofensas."

Allan Kardec (*O Livro dos Espíritos*, questão 886 – Edição FEB).

2. CONCEITO

É a prática da caridade, na abrangência definida pelo Espiritismo, às pessoas em situação de carência sócio-econômico-moral-espiritual.

3. FINALIDADES

a) Atender às pessoas e às famílias assistidas pelo Centro Espírita, conjugando a ajuda material, o socorro espiritual e a orientação moral-doutrinária, visando à sua promoção social e crescimento espiritual.

b) Proporcionar ao freqüentador do Centro Espírita oportunidade de praticar a caridade pela vivência do Evangelho, junto às pessoas e famílias em situação de carência sócio-econômico-moral-espiritual.

4. ORGANIZAÇÃO E FUNCIONAMENTO

a) O Serviço de Assistência e Promoção Social Espírita deve ser realizado sem imposições, de forma integrada, com orientação doutrinária e assistência espiritual, de modo que possa constituir-se em um dos meios para a libertação espiritual do homem, finalidade primordial da Doutrina Espírita.

b) O atendimento a ser realizado pelo Serviço de Assistência e Promoção Social Espírita deve ser precedido do estudo da realidade do beneficiário, salvo em situações de reconhecida necessidade imediata.

c) O Serviço de Assistência e Promoção Social Espírita deve seguir cuidadoso planejamento, observando a necessidade de colaboradores, de funcionários e de recursos materiais e financeiros, sobretudo quando envolva despesas permanentes, a fim de evitar-se deficiente atendimento ou paralisação da tarefa por falta de recursos. Recorde-se que a caridade, segundo o Apóstolo Paulo, não é temerária, nem age com precipitação.

d) Nas atividades do Serviço de Assistência e Promoção Social Espírita podem ser aplicados métodos e técnicas das Ciências Sociais, desde que compatíveis com os princípios doutrinários.

e) Os Centros Espíritas devem reunir, selecionar e capacitar continuamente o trabalhador do Serviço de Assistência e Promoção Social Espírita, nos aspectos doutrinário e técnico, com vistas ao seu melhor desempenho. É preferível fazer um trabalho modesto, mas de boa qualidade, a buscar realizações de grande vulto dentro da improvisação e da imprevidência.

f) Os Centros Espíritas poderão optar por serviços eventuais de assistência e promoção social, sem criarem compromissos financeiros para o futuro, crescendo segura e gradativamente em suas formas de atuação, segundo a disponibilidade de trabalhadores e de recursos materiais e financeiros.

g) O trabalho especializado no âmbito do Serviço de Assistência e Promoção Social Espírita, desenvolvido por voluntário ou contratado, cuja profissão seja regulamentada, somente poderá ser exercido por profissional habilitado.

h) Em todo processo de ajuda realizado pelo Centro Espírita, deve ser estimulada, sempre que possível, a colaboração efetiva dos beneficiários da ação, de acordo com as suas possibilidades.

i) Os Centros Espíritas de uma mesma localidade devem compartilhar informações e serviços, auxiliando-se mutuamente, podendo organizar as atividades do Serviço de Assistência e Promoção Social Espírita de forma articulada e complementar.

5. RECOMENDAÇÕES E OBSERVAÇÕES

a) Nas atividades do Serviço de Assistência e Promoção Social Espírita que envolvam a aceitação de donativos, contribuições e financiamentos, devem ser apresentados, periodicamente, relatórios estatísticos e financeiros, demonstrativos das atividades desenvolvidas. Esses relatórios devem ser afixados em lugar visível no Centro Espírita, como satisfação justa e necessária aos cooperadores, atendendo-se, ainda, com tal procedimento, aos preceitos legais vigentes.

b) Os Centros Espíritas, ao realizarem parcerias com órgãos públicos, empresas ou organizações não-governamentais, devem considerar sempre a ética e o bom senso, não aceitando compactuar, em nenhuma hipótese, com interesses políticos partidários e rejeitando contribuições, em espécie ou em serviços, que desvirtuem ou comprometam, a qualquer título, o caráter espírita da Instituição.

c) Os participantes das reuniões de estudos doutrinários e os jovens integrantes da Juventude Espírita deverão ser sempre convidados a colaborarem nas atividades do Serviço de Assistência e Promoção Social Espírita, a fim de que possam aliar o conhecimento doutrinário à prática da caridade junto às pessoas e famílias em situação de carência sócio-econômico-moral-espiritual.

d) Nas atividades do Serviço de Assistência e Promoção Social Espírita, tanto às destinadas ao adulto em geral, como ao idoso, ao jovem e à criança, deve ser sempre buscada a promoção integral da família, com vistas ao seu atendimento na situação de carência em que se encontra.

e) Os Centros Espíritas que desenvolverem atividades de Assistência e Promoção Social Espírita, independentemente do porte do trabalho realizado, deverão adequar-se à legislação específica vigente.

f) Os Centros Espíritas, sem prejuízo de sua finalidade doutrinária, poderão criar e manter Instituições Espíritas de Assistência Social, com personalidade jurídica própria. Neste caso, deverão ser preservados os vínculos entre o Centro Espírita e a Instituição criada.

g) As Instituições Espíritas de Assistência Social devem ser dirigidas exclusivamente por companheiros espíritas que se eximam de receber qualquer tipo de remuneração. *"O trabalho desinteressado sustenta a dignidade e o respeito nas boas obras"* (*Conduta Espírita*).

IX - Atividades Administrativas

1. FUNDAMENTAÇÃO

"Dá conta de tua administração." – JESUS (*Lucas* 16:2).

"(...) Para se fazer algo sério, é necessário submeter-se às necessidades impostas pelos costumes da época em que se vive; essas necessidades são bem diferentes daquelas dos tempos de vida patriarcal e o próprio interesse do Espiritismo exige que se calculem os meios de ação, a fim de que o caminho não se interrompa pela metade. Façamos, portanto, os nossos cálculos, já que vivemos num século em que é necessário saber contar."

ALLAN KARDEC (Testamento Filosófico – 1868; A respeito da nova organização da Sociedade Parisiense de Estudos Espíritas, *O Livro dos Médiuns*).

2. CONCEITO

As Atividades Administrativas do Centro Espírita são as destinadas a atender ao seu funcionamento e manutenção, de forma compatível com a sua estrutura organizacional e com a legislação vigente, seja esta municipal, estadual ou federal.

3. FINALIDADE

Promover a organização do Centro Espírita criando condições para a execução das suas atividades, com suporte administrativo, econômico e financeiro.

4. ORGANIZAÇÃO

O Centro Espírita, para funcionar adequadamente, deve organizar-se de forma própria e independente, observando a maior ou menor complexidade da sua estrutura, visando desempenhar com agilidade e segurança suas atividades, de modo a bem atender aos seus objetivos doutrinários e assistenciais.

Para que se configure efetivamente a existência legal do Centro Espírita é indispensável que haja a constituição de ato jurídico formal, por meio da elaboração de Estatuto Social, aprovado, que deve ser registrado no "Cartório de Registro das Pessoas Jurídicas", também chamado de "Cartório de Títulos e Documentos", no "Cadastro Nacional das Pessoas Jurídicas – CNPJ", e ainda a constituição de uma Diretoria.

Sugere-se, assim, o seguinte modelo de organização para o Centro Espírita:

– Órgãos Deliberativos:

- Assembléia Geral
- Conselho Deliberativo / de Administração
- Conselho Fiscal

– Órgãos Executivos:

- Diretoria
- Departamentos / coordenações / setores
- Assessorias

5. DESENVOLVIMENTO

Com fundamento no seu ato constitutivo (Estatuto) e atos regulamentares (Regimento interno, regulamentos, normas) deve o Centro Espírita planejar as suas ações, estabelecendo metas para as suas diversas áreas de trabalho e avaliando os resultados das atividades desenvolvidas. Para isso, deve realizar reuniões e encontros periódicos tanto da sua diretoria como dos responsáveis pelos diversos setores ou departamentos em que esteja organizado, propiciando a manutenção de uma dinâmica de trabalho compatível com os objetivos da Instituição.

6. RECOMENDAÇÕES E OBSERVAÇÕES

a) As palavras "Espírita" e "Espiritismo" deverão, necessariamente, constar do Estatuto dos Centros e Instituições Espíritas.

b) Recomenda-se que as palavras "Espírita" ou "Espiritismo" apareçam no nome dos Centros e Instituições Espíritas.

c) Toda atividade doutrinária desenvolvida pelo Centro Espírita deve ser gratuita.

d) A sustentação financeira do Centro Espírita deve decorrer de contribuições espontâneas, colaborações de sócios e outros meios de obtenção constante de recursos financeiros, observando sempre rigoroso critério ético-moral-espírita, evitando o uso de tômbolas, bingos, rifas, bailes beneficentes ou outros meios desaconselháveis ante a Doutrina Espírita.

e) A direção do Centro Espírita deve cuidar para que a Instituição não se envolva, direta ou indiretamente, em atividades incompatíveis com os interesses da Doutrina Espírita.

f) O Centro Espírita deve preservar a sua independência administrativa. O recebimento de doações, contribuições e subvenções, assim como a assinatura de convênios de qualquer procedência, não podem estar subordinados à aceitação de compromissos que desvirtuem ou comprometam, a qualquer título, o caráter espírita da Instituição ou que a impeçam de atender ao normal desenvolvimento de suas atividades.

g) O Centro Espírita deve cuidar da permanente atualização da documentação legal, fiscal e contábil (contratos, balancetes, livro-caixa, alvará de funcionamento etc.)

h) No trabalho de aprimoramento de sua organização administrativa, o Centro Espírita deve buscar subsídios nos Órgãos de Unificação do Movimento Espírita.

i) O Centro Espírita deve estimular o trabalho em equipe, bem como a capacitação permanente de trabalhadores para todas as áreas, quer internamente, quer por meios disponibilizados pelos Órgãos de Unificação do Movimento Espírita.

X – Participação do Centro Espírita nas Atividades de Unificação do Movimento Espírita

1. FUNDAMENTAÇÃO

"O Espiritismo é uma questão de fundo; prender-se à forma seria puerilidade indigna da grandeza do assunto. Daí vem que os centros que se acharem penetrados do verdadeiro espírito do Espiritismo deverão estender as mãos uns aos outros, fraternalmente, e unir-se para combater os inimigos comuns: a incredulidade e o fanatismo."

ALLAN KARDEC (*Obras Póstumas* – "Constituição do Espiritismo", item VI).

"Esses grupos, correspondendo-se entre si, visitando-se, permutando observações, podem, desde já, formar o núcleo da grande família espírita, que um dia consorciará todas as opiniões e unirá os homens por

um único sentimento: o da fraternidade, trazendo o cunho da caridade cristã."

ALLAN KARDEC (*O Livro dos Médiuns*, cap. XXIX, 334).

"A necessidade de uma direção central superior, guarda vigilante da unidade progressiva e dos interesses gerais da Doutrina, é tão evidente, que já causa inquietação o não ser visto, a surgir no horizonte, o seu condutor. Compreende-se que, sem uma autoridade moral, capaz de centralizar os trabalhos, os estudos e as observações, de dar impulsão, de estimular os zelos, de defender os fracos, de sustentar os ânimos vacilantes, de ajudar com os conselhos da experiência, de fixar a opinião sobre os pontos incertos, o Espiritismo correria o risco de caminhar ao léu. Não somente essa direção é necessária, como também preciso se faz que preencha condições de força e de estabilidade suficientes para afrontar as tempestades. (...) Fica bem entendido que aqui se trata de autoridade moral, no que respeita à interpretação e aplicação dos princípios da Doutrina, e não de um poder disciplinar qualquer."

ALLAN KARDEC (*Obras Póstumas*, "Constituição do Espiritismo").

2. CONCEITO

O que é

a) Trabalho Federativo e de Unificação do Movimento Espírita é uma atividade-meio que tem por objetivo fortalecer, facilitar, ampliar e aprimorar a ação do Movimento Espírita em sua atividade-fim, que é a de promover o estudo, a difusão e a prática da Doutrina Espírita.

b) Decorre da união fraterna, solidária, voluntária, consciente e operacional dos espíritas e das Instituições Espíritas, através da permuta de informações e experiências, da ajuda recíproca e do trabalho em conjunto.

c) É fundamental para o fortalecimento, o aprimoramento e o crescimento das Instituições Espíritas e para a correção de eventuais desvios da adequada prática doutrinária e administrativa.

3. FINALIDADE

O que realiza

a) Realiza um permanente contato com os Grupos, Centros e demais Instituições Espíritas, promovendo a sua união e integração e colocando à disposição dos mesmos, sugestões, experiências, trabalhos e programas de apoio de que necessitem para suas atividades.

b) Realiza reuniões, encontros, cursos, confraternizações e outros eventos destinados a dirigentes e trabalhadores espíritas, para a renovação e atualização de conhecimentos doutrinários e administrativos, visando ao aprimoramento e à ampliação das atividades das Instituições Espíritas e a abertura de novas frentes de ação e de trabalho.

c) Realiza eventos destinados ao grande público, para a divulgação da Doutrina Espírita a fim de que o Espiritismo seja cada vez mais conhecido e melhor praticado.

4. ORGANIZAÇÃO

Como se estrutura

a) Estrutura-se pela união dos Grupos, Centros e demais Instituições Espíritas que, preservando a sua autonomia e liberdade de ação, conjugam esforços e somam experiências, objetivando o permanente fortalecimento e aprimoramento das suas atividades e do Movimento Espírita em geral.

b) Os Grupos, Centros e demais Instituições Espíritas, unindo-se, constituem as Entidades e Órgãos federativos ou de unificação do Movimento Espírita em nível local, regional, estadual ou nacional.

c) As Entidades e Órgãos federativos e de unificação do Movimento Espírita em nível nacional constituem a Entidade de unificação do Movimento Espírita em nível mundial, o Conselho Espírita Internacional.

(Do texto da Campanha de Divulgação do Espiritismo – "Divulgue o Espiritismo", aprovado pelo Conselho Federativo Nacional em novembro de 2000)

5. DIRETRIZES DAS ATIVIDADES FEDERATIVAS E DE UNIFICAÇÃO DO MOVIMENTO ESPÍRITA

a) O Trabalho Federativo e de Unificação do Movimento Espírita, bem como o de União dos Espíritas e das Instituições Espíritas, baseia-se nos princípios de fraternidade, solidariedade, liberdade e responsabilidade que a Doutrina Espírita preconiza.

b) Caracteriza-se por oferecer sem exigir compensações, ajudar sem criar condicionamentos, expor sem impor resultados, e unir sem tolher iniciativas, preservando os valores e as características individuais tanto dos homens como das Instituições.

c) A integração e a participação das Instituições Espíritas nas atividades federativas e de unificação do Movimento Espírita, sempre voluntárias e conscientes, são realizadas em nível de igualdade, sem subordinação, respeitando e preservando a independência, a autonomia e a liberdade de ação de que desfrutam.

d) Todo e qualquer programa ou material de apoio colocado à disposição das Instituições Espíritas não terão aplicação obrigatória, ficando a critério das mesmas adotá-los ou não, parcial ou totalmente, ou adaptá-los às suas próprias necessidades ou conveniências.[1]

e) Em todas as atividades federativas e de unificação do Movimento Espírita deve ser sempre estimulado o estudo metódico, constante e aprofundado das obras de Allan Kardec, que constituem a Codificação Espírita, enfatizando-se as bases em que a Doutrina Espírita se assenta.

f) Todas as atividades federativas e de unificação do Movimento Espírita têm por objetivo maior colocar, com simplicidade e clareza, a mensagem consoladora e orientadora da Doutrina Espírita ao alcance e a serviço de todos, especialmente dos mais simples, por meio do estudo, da oração e do trabalho.

g) Em todas as atividades federativas e de unificação do Movimento Espírita deve ser sempre preservado, aos que delas participam, o natural direito de pensar, de criar e de agir que a Doutrina Espírita preconiza, assentando-se, todavia, todo e qualquer trabalho, nas obras da Codificação Kardequiana.[2]

(Do texto da Campanha de Divulgação do Espiritismo – "Divulgue o Espiritismo", aprovado pelo Conselho Federativo Nacional em novembro de 2000)

---

[1] O texto "Caros Amigos!", encontrado no início deste livro, desenvolve com maior clareza este item, observando: *"As orientações, programas e material de apoio, disponibilizados pelos órgãos federativos e de unificação do Movimento Espírita, são oferecidos a título de sugestão e subsídio para as atividades dos Centros e demais instituições espíritas, os quais, no uso da sua autonomia e da sua liberdade de ação, e sem alterar o texto original, poderão aplicá-los, parcial ou totalmente, bem como adaptá-los às suas próprias necessidades, utilizando-os de forma compatível com a sua realidade".*

[2] A Codificação Espírita, conhecida também como Codificação Kardequiana, constitui o núcleo da Doutrina Espírita contido nos cinco livros básicos de Allan Kardec: *O Livro dos Espíritos*, *O Livro dos Médiuns*, *O Evangelho segundo o Espiritismo*, *O Céu e o Inferno* e *A Gênese*.

6. RECOMENDAÇÕES E OBSERVAÇÕES

6.1. – Benefícios práticos que ocorrem da união dos espíritas e dos Centros Espíritas e do trabalho de unificação do Movimento Espírita

"Dez homens sinceramente ligados por um pensamento comum são mais fortes do que cem que não se entendem."

ALLAN KARDEC (*Obras Póstumas*. "Constituição do Espiritismo").

- Ajuda a manter, na prática, a unidade de princípios doutrinários que serve de base e diretriz para as atividades de estudo, difusão e prática da Doutrina Espírita.
- Facilita o conhecimento dos trabalhadores espíritas entre si, possibilitando o intercâmbio de experiências e de informações, a ajuda recíproca e o trabalho em conjunto.
- Possibilita o aprimoramento e o crescimento das atividades dos Grupos, Centros e demais Instituições Espíritas pela comunicação, conhecimento, confiança, colaboração, ajuda e apoio recíprocos que passam a existir entre os companheiros das diversas Instituições Espíritas.
- Permite, com mais facilidade, a constatação de erros doutrinários e enganos administrativos que possam estar ocorrendo na prática espírita, que prejudicam o trabalho e reclamam a necessária correção.
- Fortalece todas as atividades espíritas, de estudo, divulgação e prática da Doutrina, em decorrência da união fraternal e operacional e da colaboração mútua dos trabalhadores empenhados na difusão doutrinária.

- Mostra a todos os companheiros, mesmo os que se encontram em lugares distantes e isolados, que não estão solitários e nem abandonados em seu trabalho, e que as dificuldades, problemas e experiências que vivem, como também a solução dos mesmos, são semelhantes aos vividos por companheiros de outros lugares, de outros países ou de outros continentes.
- Possibilita, sempre que necessário, a comunicação fraterna que promove o ânimo; o encaminhamento e o recebimento de esclarecimentos que promovem o apoio; e a colaboração e a assistência que promovem a ajuda, permitindo que o trabalho desenvolvido pelos espíritas em geral, como também por Grupos, Centros e demais Instituições Espíritas, cresça e se aprimore de forma equilibrada, segura e constante.

6.2. – Vantagens da integração do Centro Espírita nas atividades de unificação do Movimento Espírita

- Aproxima os espíritas para que melhor se conheçam e mais se confraternizem.
- Torna estável, homogêneo e eficaz o Movimento Espírita.
- Troca experiências e conhecimentos em todos os aspectos do Movimento Espírita.
- Aperfeiçoa progressivamente todos os setores das atividades espíritas.
- Torna o Movimento Espírita uma força social cada vez mais útil e mais eficiente para a evolução humana, no sentido espiritualista e fraterno.
- Concorre eficientemente para o desaparecimento do personalismo individual ou de grupos no meio espírita, facilitando o desenvolvimento da humildade e da renúncia tão

necessárias para a estabilidade dos trabalhos coletivos e para a vivência da harmonia permanente.

- Garante a independência do Movimento Espírita e sua auto-suficiência em todos os seus setores de atividades, em qualquer época e em qualquer circunstância.
- Preserva, com segurança, a pureza da Doutrina Espírita e dá cabal desempenho às finalidades da Terceira Revelação.
- Afina o Movimento Espírita para uma sintonia cada vez mais perfeita com as forças espirituais que dirigem o planeta e, em particular, o próprio Movimento Espírita.
- Fortalece o Movimento Espírita, de forma consciente e permanente, para que possa superar os naturais obstáculos à difusão da Doutrina Espírita.

6.3. – Conseqüências da integração do Centro Espírita nas atividades de unificação do Movimento Espírita

- Beneficia-se das experiências, atividades e realizações das demais Instituições Espíritas.
- Colabora com o desenvolvimento das demais Instituições, direta ou indiretamente.
- Contribui para uma definição do Movimento Espírita perante as demais correntes religiosas, a opinião pública e os poderes constituídos.

Observação: Mais informações sobre o trabalho de união dos espíritas e dos Centros Espíritas e de unificação do Movimento Espírita são encontrados no texto "Diretrizes da Dinamização das Atividades Espíritas (Orientação aos Órgãos Federativos e de Unificação do Movimento Espírita)", aprovado pelo CFN em novembro de 1983 (Anexo 3) e no folheto da Campanha de Divulgação do Espiritismo – "Divulgue o Espiritismo", aprovado pelo CFN em novembro de 2000.

NOTA – Os textos incluídos no presente capítulo estão vinculados ao documento "Diretrizes da Dinamização das Atividades Espíritas – (Orientação aos Órgãos Federativos e de Unificação do Movimento Espírita)", aprovado em novembro de 1983 e que deu origem aos textos da Campanha de Divulgação do Espiritismo ("Divulgue o Espiritismo"), aprovados em 1996 e 2000, os quais se identificam com os aprovados pelo Conselho Espírita Internacional e editados em outros idiomas. Não foram, portanto, alvo da atualização efetuada pelo CFN em sua reunião de novembro de 2006, que se ateve à análise do texto por este Conselho aprovado em julho de 1980.

XI – Recomendações Jurídicas (Obrigações Legais)

A – LEGISLAÇÃO BÁSICA APLICÁVEL AO CENTRO ESPÍRITA

1. Constituição Federal de 1988
2. Código Civil – Lei 10.406/2002
3. Lei Orgânica da Assistência Social – LOAS – Lei 8.742/1993
4. Lei do Trabalhador Voluntário – Lei 9.608/1998
5. Lei Orgânica da Seguridade Social – Lei 8.212/1991
6. Lei 3.577/1959 e Decreto-lei 1.572/1977 – Tratam do Certificado de Entidade Beneficente de Assistência Social – CEBAS
7. Estatuto da Criança e do Adolescente – Lei 8.069/1990
8. Estatuto do Idoso – Lei 10.741/2003

B – LEI DO TRABALHADOR VOLUNTÁRIO (Lei 9.608/98)

1. O Termo do Trabalhador Voluntário deve ser assinado por toda pessoa cuja atividade no Centro Espírita seja voluntária.
2. Recomenda-se a ratificação ou renovação anual da assinatura do Termo do Trabalhador Voluntário, bem como a atualização do respectivo documento sempre que a atividade do trabalhador seja alterada.

C – ESTATUTO

1. O Estatuto Social é o documento legal que dá existência jurídica ao Centro Espírita, devendo ser registrado, bem como as suas alterações, no Cartório Civil das Pessoas Jurídicas, também chamado Cartório de Títulos ou Documentos.
2. Recomenda-se que o estatuto contenha, sempre, os cargos administrativos do Centro Espírita (Presidente, Vice-Presidentes, Secretários e Tesoureiros). Os cargos relativos às atividades doutrinárias podem ser relacionados no Regimento Interno.

D – REGIMENTO INTERNO

1. O Regimento Interno não está revestido de exigência legal, sendo a sua elaboração facultativa. Recomendável, contudo, a sua adoção, para melhor organização administrativa, doutrinária e assistencial do Centro Espírita. O Regimento Interno é um desdobramento prático do Estatuto Social e não deve conflitar com o mesmo, sob pena de, na parte em que conflitar, não ter validade.
2. O Regimento Interno, e suas alterações, deve ser aprovado pelo Conselho Deliberativo do Centro Espírita ou órgão equiva-

lente. Não necessita de registro em Cartório, mas é imprescindível a aprovação dos órgãos mencionados e o seu registro em Ata.

3. Recomenda-se que dele conste previsão do cadastro dos associados (Quadro de Associados), de trabalhadores voluntários e de colaboradores da instituição.

E – RECOMENDAÇÕES E ORIENTAÇÕES

1. Em respeito à legislação vigente (*Estatuto da Criança e do Adolescente* e *Código Civil Brasileiro*) é imprescindível autorização escrita dos pais ou responsáveis legais para:

    a. freqüência da criança e do jovem nas atividades da Evangelização Espírita Infanto-Juvenil;

    b. participação em atividades externas.

2. Em respeito à legislação vigente (Código Civil Brasileiro e o Código de Trânsito Brasileiro) é imprescindível a observância das exigências legais em relação à segurança do veículo e ao seu condutor, nos casos de transporte de crianças e jovens em atividades externas.

3. Recomenda-se o apoio, quando possível, do Corpo de Bombeiros e/ou da Defesa Civil nas atividades externas envolvendo crianças e jovens.

4. Recomenda-se que as eventuais ações relativas a receituário ou distribuição de medicamentos na instituição ocorram sob a supervisão de profissionais legalmente habilitados.

5. Considerando-se o caráter assistencial do Centro Espírita, recomenda-se a não-utilização das palavras "cura" e "terapia" em suas atividades, pelo sentido próprio que elas possuem junto aos profissionais de saúde.

6. Os recursos oriundos do Poder Público devem ser aplicados nos fins para os quais foram destinados, procedendo-se aos registros necessários em respeito às determinações legais.
7. Organizar e atualizar constantemente toda a documentação relativa a convênios e parcerias, públicas ou privadas, mantendo-a em arquivo adequado para verificação pelos órgãos competentes.

XII – Recomendações e Observações Gerais

1. Preservar sempre o caráter da Doutrina Espírita de esclarecimento e de consolo espiritual, em quaisquer atividades do Centro Espírita.
2. As eventuais divisões das atividades e reuniões em áreas, setores ou departamentos não devem ser impeditivas ou complicadoras para um trabalho integrado, devendo-se pensar no Centro Espírita como um todo.
3. Observar a pontualidade e a assiduidade em todos os trabalhos do Centro Espírita.
4. Recomendar, no ambiente do Centro Espírita, aos participantes que evitem, nas conversações, temas inoportunos.
5. Iniciar e encerrar todas as reuniões com uma prece.
6. Preservar a simplicidade no Centro Espírita e abster-se do uso de enfeites excessivos, jogos de luz, paramentos e uniformes.
7. "*Desaprovar o emprego de rituais, imagens ou símbolos de qualquer natureza nas sessões, assegurando a pureza e a simplicidade da prática do Espiritismo*" (*Conduta Espírita*, cap. 3).

8. "*Desaprovar a conservação de retratos, quadros, legendas ou quaisquer objetos que possam ser tidos na conta de apetrechos para ritual, tão usados em diversos meios religiosos. Os aparatos exteriores têm cristalizado a fé em todas as civilizações terrenas*" (*Conduta Espírita*, cap. 11).
9. "*Banir dos templos espíritas as cerimônias que, em nome da Doutrina, visem à consagração de esponsais ou nascimentos*" (*Conduta Espírita*, cap. 37) e outras práticas estranhas à Doutrina Espírita.
10. "*Nas reuniões doutrinárias, jamais angariar donativos por meio de coletas, peditórios ou venda de tômbolas, à vista dos inconvenientes que apresentam, de vez que tais expedientes podem ser tomados à conta de pagamento por benefícios. A pureza da prática da Doutrina Espírita deve ser preservada a todo o custo*" (*Conduta Espírita*, cap. 11).
11. Não deve haver comunicação de enfermo espiritual nas reuniões públicas, o que só deverá ocorrer em reunião privativa e destinada a esse fim.
12. Não permitir o uso de fumo, bebidas alcoólicas e outras substâncias nocivas nas dependências do Centro Espírita.
13. O dirigente deverá "*impedir, sem alarde, a presença de pessoas alcoolizadas ou excessivamente agitadas nas assembléias doutrinárias, excetuando-se nas tarefas programadas para tais casos*" (*Conduta Espírita*, cap. 3).
14. Não oferecer a possibilidade de exposição doutrinária a palestrantes que não estejam capacitados para a tarefa.
15. Evitar-se informações exageradas de currículos e realização de homenagens na apresentação de expositores.
16. É dever do dirigente do Centro Espírita, caso algum expositor faça afirmações contrárias aos princípios da Doutrina Espírita, esclarecer devidamente o assunto, ao final da reunião, com fundamento na Codificação Kardequiana, evitando-se constrangimentos.

17. Evitar, nas reuniões do Centro Espírita, ataques ou censuras a outras religiões.

18. *"Usar com prudência ou substituir toda expressão verbal que indique costumes, práticas, idéias políticas, sociais ou religiosas, contrárias ao pensamento espírita, quais sejam sorte, acaso, sobrenatural, milagre, e outras, preferindo-se, em qualquer circunstância, o uso da terminologia doutrinária pura"* (*Conduta Espírita*, cap. 13).

19. *"Impedir palestras e discussões de ordem política nas sedes das instituições doutrinárias, não olvidando que o serviço de evangelização é tarefa essencial"* (*Conduta Espírita*, cap. 10).

20. *"Em nenhuma oportunidade, transformar a tribuna espírita em palanque de propaganda política, nem mesmo com sutilezas comovedoras em nome da caridade. O despistamento favorece a dominação do mal"* (*Conduta Espírita*, cap. 10).

21. *"Repelir acordos políticos que, com o empenho da consciência individual, pretextem defender os princípios doutrinários ou aliciar prestígio social para a Doutrina, em troca de votos ou solidariedade a partidos e candidatos. O Espiritismo não pactua com interesses puramente terrenos"* (*Conduta Espírita*, cap. 42).

22. *"Não comerciar com o voto dos companheiros de Ideal, sobre quem a sua palavra ou cooperação possam exercer alguma influência. A fé nunca será produto para mercado humano"* (*Conduta Espírita*, cap. 10).

23. Os Centros Espíritas, na execução de suas atividades, selecionarão, com rigoroso critério, os meios de obtenção dos recursos financeiros para manutenção do seu trabalho, abstendo-se do uso de tômbolas, bingos, rifas e bailes beneficentes, ou da utilização de outros meios desaconselháveis ante a Doutrina Espírita.

24. Planejar as atividades doutrinárias e administrativas do Centro, elaborando programas, fixando datas ou épocas para

sua realização e mobilizando os responsáveis pela sua execução.

25. Planejar os assuntos sobre família, defesa da vida e cultivo da paz para serem trabalhados como aulas nos cursos do ESDE, Mediunidade, Evangelização da Infância e Juventude e outros que existam no Centro Espírita.

26. Implantar cursos e/ou reuniões de pais e familiares onde seja possível o debate programado sobre os temas da família, defesa da vida e paz.

27. Favorecer o estudo do Esperanto pelo seu elevado princípio humanitário e sentimento de fraternidade universal que desenvolve e por mostrar-se como elemento auxiliar na difusão da Doutrina Espírita em outros países.

28. "*Agir de tal modo a não permitir, mesmo indiretamente, atos que signifiquem profissionalismo religioso, quer no campo da mediunidade, quer na direção de instituições, na redação de livros e periódicos, em traduções e revisões, excursões e visitas, pregações e outras quaisquer tarefas*" (*Conduta Espírita*, cap. 18).

29. A direção dos trabalhos, quando possível, poderá ser feita na forma de rodízio ou revezamento, visando ao espírito de equipe e à preparação de seus colaboradores.

30. A direção do Centro Espírita deve buscar meios de estimular os freqüentadores das suas reuniões públicas a se integrarem nas diversas atividades da instituição.

31. O Centro Espírita deve ser dotado, tanto quanto possível, de locais e ambientes apropriados às atividades doutrinárias e administrativas que desenvolve.

32. Identificar em cada reunião e atividade os colaboradores que podem assumir as tarefas, dando oportunidade para o surgimento de novos trabalhadores.

33. A direção do Centro Espírita deve estimular o trabalho em equipe.

34. Promover, regularmente, a capacitação e a atualização dos trabalhadores.

35. Realizar, periodicamente, a avaliação de todas as atividades do Centro Espírita.

36. Solicitar que todos os colaboradores assinem o Termo de Adesão ao Serviço Voluntário, atendendo a legislação vigente.

37. O Centro Espírita que promover transporte de pessoas deve, em respeito à legislação vigente (*Código Civil Brasileiro* e o *Código de Trânsito Brasileiro*), observar as exigências legais em relação ao veículo e ao condutor.

38. O Centro Espírita que promover atividade de recreação externa, com a presença de crianças, jovens e idosos, deve solicitar o apoio de órgãos de segurança, como o Corpo de Bombeiros e Defesa Civil, em respeito à legislação vigente.

O estudo constante da Doutrina Espírita com base nas obras de Allan Kardec e o propósito permanente de colocar em prática os seus ensinos, *são fundamentais para a correta execução de toda atividade espírita.*

ANEXOS

ANEXO 1

A adequação do Centro Espírita para o melhor atendimento de suas finalidades

"O Conselho Federativo Nacional, reunido na sede seccional da Federação Espírita Brasileira, em Brasília (DF), nos dias 1º a 3 de outubro de 1977, com o objetivo de conjugar as conclusões das reuniões dos Conselhos Zonais da 1ª, 2ª, 3ª e 4ª zonas, levadas a efeito em Fortaleza (CE), Natal (RN), Belo Horizonte (MG) e Rio de Janeiro (RJ), de outubro de 1975 a abril de 1977, quando estudaram o tema "A ADEQUAÇÃO DO CENTRO ESPÍRITA PARA O MELHOR ATENDIMENTO DE SUAS FINALIDADES".

CONSIDERANDO

1. Que o Espiritismo é o Consolador prometido, que veio, no devido tempo, recordar e complementar o que Jesus ensinou, "restabelecendo todas as coisas no seu verdadeiro sentido", trazendo, assim, à Humanidade as bases reais de sua espiritualização;

2. que é cada vez maior o número de pessoas que buscam no Espiritismo a orientação de que necessitam e a solução para os múltiplos problemas que as afligem;

3. que os Centros e demais entidades espíritas – neste Documento denominados "Centro Espírita" –, como escolas de formação espiritual e moral que devem ser, desempenham papel relevante na divulgação do Espiritismo e no atendimento a todos os que nele buscam orientação e amparo;

4. que, para bem atender às suas finalidades, o Centro Espírita deve ser um núcleo de estudo, de fraternidade, de oração e de trabalho, com base no Evangelho de Jesus à luz da Doutrina Espírita;

5. que o Centro Espírita deve ser compreendido como a casa de uma grande família, onde as crianças, os jovens, os adultos e os idosos tenham oportunidade de conviver, estudar e trabalhar;

6. que o Centro Espírita deve proporcionar aos seus freqüentadores oportunidade de exercitar o seu aprimoramento íntimo pela vivência do Evangelho em seus trabalhos, tais como os de estudo, de orientação, de assistência espiritual e de assistência social;

7. que o Centro Espírita deve criar condições para um eficiente atendimento a todos os que o procuram com o propósito de obter orientação, esclarecimento, ajuda ou consolação;

8. que o Centro Espírita, como recanto de paz construtiva que deve ser, precisa manter-se em um clima de ordem, de respeito mútuo, de harmonia, de fraternidade e de trabalho, minimizando divergências e procurando superar o personalismo individual ou de grupo, a bem do trabalho doutrinário, propiciando a união de seus freqüentadores na vivência da recomendação de Jesus: "Amai-vos uns aos outros";

9. que o Centro Espírita deve caracterizar-se pela simplicidade própria das primeiras Casas do Cristianismo nascente, com a total ausência de imagens, paramentos, símbolos, rituais, sacramentos ou outras quaisquer manifestações exteriores, tais como batizados e casamentos;

10. que o Centro Espírita, na condição de uma sociedade civil, deve organizar-se não apenas para desenvolver com eficiência as suas atividades básicas, mas também para cumprir as suas obrigações legais;

11. considerando, finalmente, que o Centro Espírita, como unidade fundamental do Movimento Espírita que é, deve manter um clima de entendimento, de harmonia e de fraternidade com relação aos demais Centros Espíritas, procurando unir-se a todos com o propósito de confraternizar, de permutar experiências visando ao aprimoramento das próprias atividades e a promover realizações em comum;

RESOLVE, por unanimidade, RECOMENDAR que os Centros Espíritas observem no seu funcionamento as seguintes diretrizes:

I) ORIENTAÇÃO

Reconhecer que a vivência do Evangelho de Jesus Cristo é o objetivo a ser atingido pela Humanidade.

II) ATIVIDADES BÁSICAS

a) – Promover, com vistas ao aprimoramento íntimo de seus freqüentadores, o estudo metódico e sistemático e a explanação:

1 – da Doutrina Espírita no seu tríplice aspecto – científico, filosófico e religioso – consubstanciada na Codificação Kardequiana;

2 – do Evangelho, segundo a Doutrina Espírita;

b) – promover a evangelização da criança, à luz da Doutrina Espírita;

c) – incentivar e orientar o jovem para o estudo e a prática da Doutrina Espírita e favorecer-lhe a integração nas tarefas do Centro Espírita;

d) – promover a divulgação da Doutrina Espírita, também através do livro;

e) – promover o estudo da mediunidade, visando oferecer orientação segura para as atividades mediúnicas;

f) – realizar atividades de assistência espiritual, mediante a utilização dos recursos oferecidos pela Doutrina Espírita, inclusive reuniões mediúnicas privativas de desobsessão;

g) – manter um trabalho de atendimento fraterno, através do diálogo, com orientação e esclarecimento às pessoas que buscam o Centro Espírita;

h) – promover o serviço de assistência social espírita, assegurando suas características beneficentes, preventivas e promocionais, conjugando a ajuda material e espiritual, fazendo com que este serviço se desenvolva concomitantemente com o atendimento às necessidades de evangelização;

i) – incentivar e orientar a instituição do Culto do Evangelho no Lar.

III) ATIVIDADES ADMINISTRATIVAS

a) – Manter organização própria, segundo as normas legais vigentes, compatível com a maior ou menor complexidade de cada Centro e estruturada de modo a atender às finalidades do Movimento Espírita;

b) – estabelecer metas para o Centro Espírita em suas diversas áreas de atividade, planejando periodicamente suas tarefas e avaliando seus resultados;

c) – facilitar a efetiva participação dos freqüentadores nas atividades do Centro Espírita;

d) – estimular o processo de trabalho em equipe;

e) – dotar o Centro Espírita de locais e ambientes adequados, de modo a atender, em primeiro lugar, às atividades prioritárias;

f) – zelar para que as atividades exercidas em função do Movimento Espírita sejam gratuitas, vedada qualquer espécie de remuneração;

g) – não envolver o Centro Espírita em quaisquer atividades incompatíveis com a Doutrina Espírita;

h) – aceitar somente os auxílios, doações, contribuições e subvenções, bem como firmar convênios, de qualquer natureza e procedência, desvinculados de quaisquer compromissos que desfigurem o caráter espírita da Instituição ou que impeçam o normal desenvolvimento de suas atividades, em prejuízo das finalidades doutrinárias, preservando, assim, a total independência administrativa da Entidade.

IV) ATIVIDADES DE COMUNICAÇÃO

a) – Promover a difusão do livro espírita;

b) – utilizar os meios de comunicação – inclusive jornais, revistas, boletins informativos e volantes de mensagens, rádio e televisão –, na difusão da Doutrina Espírita e do Evangelho, de maneira condizente com os seus princípios;

c) – incentivar o estudo e a divulgação do Esperanto como instrumento neutro de fraternidade entre os homens e povos do mundo.

V) ATIVIDADES DE UNIFICAÇÃO

a) – Participar efetivamente das atividades do movimento de unificação;

b) – conjugar esforços e somar experiências com as demais Instituições Espíritas de uma mesma localidade ou região de modo a evitar paralelismo ou duplicidade de realizações.

Brasília (DF), Sala das Sessões, 1º a 3 de outubro de 1977.

ANEXO 2

"Diretrizes da Dinamização das Atividades Espíritas"

ORIENTAÇÃO AOS ÓRGÃOS FEDERATIVOS E DE UNIFICAÇÃO DO MOVIMENTO ESPÍRITA

O Conselho Federativo Nacional, reunido na Sede Central da Federação Espírita Brasileira, em Brasília (DF), nos dias 25 a 27 de novembro de 1983, com o objetivo de apreciar as conclusões das reuniões dos Conselhos Zonais da 1ª, 2ª, 3ª e 4ª zonas, levadas a efeito em Rio Branco (AC), Maceió (AL), Cuiabá (MT) e São Paulo (SP), de abril de 1982 a outubro de 1983, quando estudaram o tema – "*Diretrizes da Dinamização das Atividades Espíritas*".

I – CONSIDERANDO

a) que, na fase de transição por que passa a Humanidade, a Doutrina Espírita desempenha um importante papel, oferecendo, com lógica e segurança, a consolação, o esclarecimento e a orientação de que os homens hoje necessitam;

> *"Aproxima-se o tempo em que se cumprirão as coisas anunciadas para a transformação da Humanidade. Ditosos serão os que houverem tra-*

balhado no campo do Senhor, com desinteresse e sem outro móvel, senão a caridade! Seus dias de trabalho serão pagos pelo cêntuplo do que tiverem esperado."

(O Espírito de Verdade – Os Obreiros do Senhor – "O Evangelho segundo o Espiritismo" – Allan Kardec.)

b) que se faz necessário colocar ao alcance e a serviço de todos a mensagem consoladora e esclarecedora que a Doutrina Espírita oferece;

"Espíritas! Amai-vos, este o primeiro ensinamento; instruí-vos, este o segundo. No Cristianismo encontram-se todas as verdades; são de origem humana os erros que nele se enraizaram."

(O Espírito de Verdade – O advento do Espírito de Verdade – "O Evangelho segundo o Espiritismo" – Allan Kardec.)

"Libertação da palavra divina é desentranhar o ensinamento do Cristo de todos os cárceres a que foi algemado e, na atualidade, sem querer qualquer privilégio para nós, apenas o Espiritismo retém bastante força moral para se não prender a interesses subalternos e efetuar a recuperação da luz que se derrama do verbo cristalino do Mestre, dessedentando e orientando as almas."

(Bezerra de Menezes – Psicografia de F. C. Xavier – Unificação – "Reformador" dez./1975.)

c) que é de vital importância para o estudo, a difusão e a prática da Doutrina Espírita, que os Centros Espíritas, unidades fundamentais do Movimento Espírita, desenvolvam suas tarefas de maneira a mais ampla possível, procurando atender plenamente às suas finalidades;

"Um Centro Espírita é uma escola onde podemos aprender e ensinar, plantar o bem e recolher-lhe as graças, aprimorar-nos e aperfeiçoar os outros, na senda eterna."

(Emmanuel – Psicografia de F. C. Xavier – O Centro Espírita – "Reformador" jan./1951.)

d) que o estudo e o aperfeiçoamento de dirigentes e trabalhadores são fundamentais para que o Centro Espírita possa atender às suas finalidades;

"Quando os homens forem bons, organizarão boas instituições, que serão duráveis, porque todos terão interesse em conservá-las. O progresso geral é a resultante de todos os progressos individuais."

(Allan Kardec – Credo Espírita – "Obras Póstumas".)

e) que aos órgãos de unificação do Movimento Espírita cabe, permanentemente, a responsabilidade de reunir e analisar experiências já realizadas pelos Centros Espíritas, e colocar à disposição dos mesmos as sugestões, orientações, programas e apoio de que necessitam para o pleno desenvolvimento de suas atividades doutrinárias, assistenciais e administrativas;

> *"Ensinar, mas fazer; crer, mas estudar; aconselhar, mas exemplificar; reunir, mas alimentar."*
>
> *(Bezerra de Menezes – Psicografia de F. C. Xavier – Unificação – "Reformador" dez./1975.)*

f) que a realização, pelos órgãos de Unificação, das citadas atividades (letra "e"), promove a unificação do Movimento Espírita e a união das sociedades e dos próprios espíritas, fundamentais para o fortalecimento do trabalho de difusão e vivência do Espiritismo;

> *"Recordemos, na palavra de Jesus, que 'a casa dividida rui', todavia ninguém pode arrebentar um feixe de varas que se agregam numa união de forças."*
>
> *(Bezerra de Menezes – Psicofonia de Divaldo P. Franco – Unificação paulatina, união imediata, trabalho incessante... – "Reformador" fev./1976.)*

g) que, com o objetivo de colocar à disposição dos Centros Espíritas uma orientação segura para as suas atividades, o Conselho Federativo Nacional da FEB aprovou documento que enfeixa as conclusões sobre o tema "A adequação do Centro Espírita para o melhor atendimento de suas finalidades", publicado na revista "Reformador", de dezembro de 1977;

h) que, com o objetivo de oferecer uma série de sugestões sobre como colocar em prática as recomendações contidas no documento anteriormente aprovado e acima citado (letra "g"), entidades estaduais vêm colocando à disposição dos Centros Espíritas sugestões, orientações, programas e apoio para as suas atividades; e, com o mesmo objetivo, o Conselho Federativo Nacional da FEB, em julho de 1980, aprovou o documento "Orientação ao Centro Espírita";

> *"Jesus, meus amigos, é mais do que um símbolo. É uma realidade em nossa existência. Não é apenas um ser que transitou da manjedoura à cruz, mas o exemplo, cuja vida se transformou num Evangelho de feitos,*

chamando por nós. Necessário, em razão disso, aprofundar o pensamento na Obra de Allan Kardec para poder viver Jesus em toda a plenitude.”

(Bezerra de Menezes – Psicofonia de Divaldo P. Franco – Unificação Paulatina, união imediata, trabalho incessante... – “Reformador” fev./1976.)

II – O CONSELHO FEDERATIVO NACIONAL DA FEDERAÇÃO ESPÍRITA BRASILEIRA SUGERE ÀS ENTIDADES ESTADUAIS DE UNIFICAÇÃO DO MOVIMENTO ESPÍRITA

a) que desenvolvam suas atividades no sentido de realizar e manter, permanentemente, o trabalho de unificação do Movimento Espírita, através da união das sociedades e dos próprios espíritas, para que, cada vez mais fortalecidos, coloquem ao alcance e a serviço de todos a mensagem que consola, esclarece e orienta oferecida pela Doutrina Espírita;

“Ditosos os que hajam dito a seus irmãos: ‘Trabalhemos juntos e unamos os nossos esforços, a fim de que o Senhor, ao chegar, encontre acabada a obra’, porquanto o Senhor lhes dirá: ‘Vinde a mim, vós que sois bons servidores, vós que soubestes impor silêncio às vossas rivalidades e às vossas discórdias, a fim de que daí não viesse dano para a obra!’”

(O Espírito de Verdade – Os Obreiros do Senhor – “O Evangelho segundo o Espiritismo” – Allan Kardec.)

b) que estimulem, como atividade principal dos Centros Espíritas, o estudo metódico, constante e sistematizado da Doutrina Espírita;

“O que caracteriza um estudo sério é a continuidade que se lhe dá.”

(Allan Kardec – “O Livro dos Espíritos” – Introdução VIII.)

“Um curso regular de Espiritismo seria professado com o fim de desenvolver os princípios da Ciência e de difundir o gosto pelos estudos sérios. Esse curso teria a vantagem de fundar a unidade de princípios, de fazer adeptos esclarecidos, capazes de espalhar as idéias espíritas e de desenvolver grande número de médiuns.”

(Allan Kardec – “Obras Póstumas” – Projeto 1868.)

c) que, objetivando o permanente aprimoramento das tarefas que os Centros Espíritas desenvolvem, promovam a realização de reuniões e encontros de dirigentes e trabalhadores das Casas Espíritas e de todas as suas áreas de ação, para:

   1 – estudo aprofundado dos documentos "A adequação do Centro Espírita para o melhor atendimento de suas finalidades" e "Orientação ao Centro Espírita";

   2 – exame e a análise dos problemas e necessidades dos Centros Espíritas;

   3 – análise de outros programas de estudo e de trabalho, baseados na Codificação Kardequiana e decorrentes, inclusive, de experiências já realizadas pelos próprios Centros Espíritas;

   4 – busca de soluções para os problemas e necessidades detectadas.

"Trabalhar pela Unificação dos órgãos doutrinários do Espiritismo no Brasil é prestar relevante serviço à causa do Evangelho Redentor junto à Humanidade. Reunir elementos dispersos, concatená-los e estruturar-lhes o plano de ação, na ordem superior que nos orienta o idealismo, é serviço de indiscutível benemerência porque demanda sacrifício pessoal, oração e vigilância na fé renovadora e, sobretudo, elevada capacidade de renunciação."

(Emmanuel – Psicografia de F. C. Xavier – Unificação – "Reformador" out./1977.)

"Não vos conclamamos à inércia, ao parasitismo, à aceitação tácita, sem a discussão ou exame das informações. Convidamo-vos à verdadeira dinâmica do amor."

(Bezerra de Menezes – Psicofonia de Divaldo P. Franco – Unificação paulatina, união imediata, trabalho incessante... – "Reformador" fev./1976.)

d) que promovam permanente contato com os Centros Espíritas, colocando à disposição dos mesmos, sugestões, orientações, programas e apoio de que necessitem para o pleno desenvolvimento de suas atividades;

"Unamo-nos, amemo-nos, retificando as nossas opiniões, as nossas dificuldades e os nossos pontos de vista, diante de mensagem clara e

sublime da Doutrina com que Allan Kardec enriquece a nova era, compreendendo que lhe somos simples discípulos."

(Bezerra de Menezes - Psicofonia de Divaldo P. Franco – Unificação paulatina, união imediata, trabalho incessante... - "Reformador" fev./1976.)

e) que, visando ao congraçamento da família espírita, promovam a realização de confraternizações, reunindo os freqüentadores dos Centros e demais Sociedades Espíritas, a todos aproximando, irmanando e unindo, criando, assim, um clima de fraternidade e de paz, onde todos sintam seu ânimo renovado para as atividades espíritas-cristãs;

"Mantenhamos o propósito de irmanar, aproximar, confraternizar e compreender..."

(Bezerra de Menezes - Psicografia de F. C. Xavier – Unificação – "Reformador" dez./1975.)

"Demo-nos as mãos e ajudemo-nos; esqueçamos as opiniões contraditórias para nos recordarmos dos conceitos de identificação, confiando no tempo, o grande enxugador de lágrimas, que a tudo corrige."

(Bezerra de Menezes – Psicofonia de Divaldo P. Franco – Unificação paulatina, união imediata, trabalho incessante... – "Reformador" fev./1976.)

f) que estimulem e cooperem na implantação de Centros Espíritas ou, inicialmente, de grupos de estudos da Obra Kardequiana, orientando e apoiando o trabalho de elementos do próprio local;

"(...) e, se possível, estabeleçamos em cada lugar, onde o nome do Espiritismo apareça por legenda de luz, um grupo de estudo, ainda que reduzido, da Obra Kardequiana, à luz do Cristo de Deus."

(Bezerra de Menezes - Psicografia de F. C. Xavier – Unificação – "Reformador" dez./1975.)

g) que esclareçam, permanentemente, os dirigentes e trabalhadores dos Centros Espíritas sobre as origens, as características, as finalidades e as atividades de unificação do Movimento Espírita e de união das Sociedades e dos próprios espíritas, alertando, inclusive, para a necessidade de se evitarem atividades paralelas, dispersivas e prejudiciais;

"Nenhuma hostilidade recíproca, nenhum desapreço a quem quer que seja. Acontece, porém, que temos necessidade de preservar os fundamentos espíritas, honrá-los e sublimá-los, senão acabaremos estranhos uns aos outros, ou então cadaverizados em arregimentações que nos mutilarão os melhores anseios, convertendo-nos o movimento de libertação numa seita estanque, encarcerada em novas interpretações e teologias, que nos acomodariam nas conveniências do plano inferior e nos afastariam da Verdade."

(Bezerra de Menezes - Psicografia de F. C. Xavier – Unificação – "Reformador" dez./1975.)

"Solidários, seremos união. Separados uns dos outros, seremos pontos de vista. Juntos, alcançaremos a realização de nossos propósitos. Distanciados entre nós, continuaremos à procura do trabalho com que já nos encontramos honrados pela Divina Providência."

(Bezerra de Menezes - Psicografia de F. C. Xavier – Mensagem de União - "Unificação" nov.-dez./1980.)

h) que permutem com os demais órgãos e entidades de unificação do Movimento Espírita seus programas de trabalho, suas realizações e experiências, oferecendo e recebendo subsídios para as suas atividades;

"É indispensável manter o Espiritismo, qual foi entregue pelos Mensageiros Divinos a Allan Kardec, sem compromissos políticos, sem profissionalismo religioso, sem personalismos deprimentes, sem pruridos de conquista a poderes terrestres transitórios."

(Bezerra de Menezes – Psicografia de F. C. Xavier – Unificação – "Reformador" dez./1975.)

"Unificação, sim. União, também. Imprescindível que nos unifiquemos no ideal espírita, mas que, acima de tudo, nos unamos como irmãos."

(Bezerra de Menezes - Psicofonia de Divaldo P. Franco – Unificação paulatina, união imediata, trabalho incessante... – "Reformador" fev./1976.)

i) que intensifiquem os esforços para a integração dos Centros Espíritas ainda não adesos ao trabalho de Unificação;

"Esses Grupos, correspondendo-se entre si, visitando-se, permutando observações, podem, desde já, formar o grupo da grande família espírita, que um dia consorciará todas as opiniões e unirá os homens por um

único sentimento: o da fraternidade, trazendo o cunho da caridade cristã."

(Allan Kardec – "O Livro dos Médiuns" – Cap. XXIX – item 334.)

j) que, objetivando intensificar a divulgação do Espiritismo junto ao grande público, promovam veiculação nos órgãos de comunicação social (jornais, revistas, emissoras de rádio, televisão etc.) de matéria de cunho doutrinário (mensagens, notícias, *press-release* etc.), se possível com a participação dos próprios espíritas;

"O que vos digo em trevas, dizei-o em luz; e o que escutais ao ouvido, pregai-os sobre os telhados."

(Jesus – Mateus, 10:27.)

l) que estimulem e, se necessário, orientem a criação de equipes de visitação a irmãos carentes de assistência material e, sobretudo, moral, nos hospitais, domicílios, albergues, orfanatos, prisões, colônias de hansenianos etc.;

"Então, dirá o Rei aos que estiverem à sua direita: Vinde, benditos de meu Pai, tomai posse do reino que vos foi preparado desde o princípio do mundo; porquanto, tive fome e me destes de comer; tive sede e me destes de beber; careci de teto e me hospedastes; estive nu e me vestistes; achei-me doente e me visitastes; estive preso e me fostes ver."

(Jesus – Mateus, 25:34 a 36.)

m) que estimulem a integração do jovem às diversas equipes de trabalho dos Centros Espíritas, objetivando, através da troca de experiências e idéias, a preparação daqueles que continuarão o trabalho.

"Se tua mente pode librar no vôo mais alto, não te esqueças dos que ficaram no ninho onde nasceste e onde estiveste longo tempo, completando a plumagem."

(Emmanuel – Psicografia de F. C. Xavier – "Caminho, Verdade e Vida" – cap. 51.)

"O moço poderá e fará muito se o espírito envelhecido na experiência não o desamparar no trabalho."

(Emmanuel – idem, cap. 151.)

n) que organizem programas de visitas aos Centros Espíritas do interior, com o objetivo de levar-lhes estímulos e experiências, bem como incentivar a aplicação do Manual "ORIENTAÇÃO AO CENTRO ESPÍRITA – 1980" e oferecer-lhes orientações outras que se façam necessárias.

"Confrades e organizações visitados, pois, vibram nesta hora um só desejo e almejam um só objetivo e finalidade. Passam a constituir elos de uma mesma corrente que se fortifica pelo trabalho construtivo, buscando, num princípio de ordem fraternal, conjugar os esforços nas labutas comuns, a fim de que se consolide na obra consumada a missão superior que foi destinada ao Brasil (...)"

(Francisco Spinelli – Transcrito por Duílo Lena Bérni, em "Brasil, Mais Além!".)

"Dois ou três meses do ano seriam consagrados a viagens em visita aos diferentes centros e a lhes imprimir boa direção (...)"

"Se porventura me estivesse reservado realizar este projeto, em cuja execução eu teria de me haver com a mesma prudência de que usei no passado, indubitavelmente alguns anos bastariam para fazer que a Doutrina avançasse de alguns séculos."

(Allan Kardec – "Obras Póstumas" – Projeto 1868 – Viagens.)

III – OBSERVA, AINDA, O CONSELHO FEDERATIVO NACIONAL DA FEB

a) que o trabalho de unificação do Movimento Espírita e de união das sociedades e dos próprios espíritas assenta-se nos princípios de fraternidade, liberdade e responsabilidade que a Doutrina Espírita preconiza;

"Onde está o Espírito do Senhor aí há liberdade."

(Paulo – II Co, 3:17.)

b) que o trabalho de unificação do Movimento Espírita e de união das sociedades e dos próprios espíritas caracteriza-se por oferecer sem exigir compensações, ajudar sem criar condicionamentos, expor sem impor resultados e unir sem tolher iniciativas, preservando os valores e características individuais tanto dos homens como das sociedades;

"A tarefa da unificação é paulatina; a tarefa da união é imediata, enquanto a tarefa do trabalho é incessante, porque jamais terminaremos o serviço, desde que somos servos imperfeitos, e fazemos apenas a parte que nos está confiada. Amar, no entanto, é o impositivo que o Senhor nos concedeu e que a Doutrina nos restaura."

(Bezerra de Menezes - Psicofonia de Divaldo P. Franco – Unificação paulatina, união imediata, trabalho incessante... – "Reformador" fev./1976.)

c) que a integração e a participação dos Centros Espíritas nas atividades de unificação do Movimento Espírita e de união das sociedades e dos próprios espíritas devem ser sempre voluntárias e conscientes, com pleno respeito à autonomia administrativa de que desfrutam;

"O serviço da unificação em nossas fileiras é urgente mas não apressado. Uma afirmativa parece destruir a outra. Mas não é assim. É urgente porque define o objetivo a que devemos todos visar; mas não apressado, porquanto não nos compete violentar consciência alguma."

(Bezerra de Menezes – Psicografia de F. C. Xavier – Unificação – "Reformador" dez./1975.)

d) que os programas de colaboração e apoio aos Centros Espíritas devem ser colocados à sua disposição simplesmente como subsídio ao trabalho por eles desenvolvido;

"Senhor Jesus! (...) Faze-nos observar, por misericórdia, que Deus não nos cria pelo sistema de produção em massa e que por isto mesmo cada qual de nós enxerga a vida e os processos de evolução de maneira diferente."

(Emmanuel – Psicografia de F. C. Xavier – Conselho Federativo Nacional – "Reformador" fev./1973.)

e) que em todas as atividades de unificação do Movimento Espírita e de união das sociedades e dos próprios espíritas seja sempre estimulado o estudo metódico, constante e aprofundado das obras de Allan Kardec, enfatizando-se as bases em que a Doutrina Espírita se assenta e destacando a sua permanente atualidade frente ao progresso humano, em razão do caráter dinâmico e evolutivo que apresenta;

"Allan Kardec, nos estudos, nas cogitações, nas atividades, nas obras, a fim de que a nossa fé não se faça hipnose, pela qual o domínio da sombra se estabelece sobre as mentes mais fracas, acorrentando-as a séculos de ilusão e sofrimento."

(Bezerra de Menezes – Psicografia de F. C. Xavier – Unificação – "Reformador" dez./1975.)

f) que todas as atividades de unificação do Movimento Espírita e de união das sociedades e dos próprios espíritas tenham por objetivo maior colocar, com simplicidade e clareza, a mensagem consoladora e orientadora da Doutrina Espírita ao alcance e a serviço de todos por meio de estudo, da oração e do trabalho;

"Os nossos postulados devem ser desdobrados e vividos dentro de uma linha austera de dignidade e nobreza. Sem embargo, que os nossos sentimentos vibrem em uníssono, refletindo as emoções de amigos que se desejam ajudar e de irmãos que se não permitem avançar, deixando a retaguarda juncada de cadáveres ou assinalada pelos que não tiveram força para prosseguir (...)"

(Bezerra de Menezes – Psicofonia de Divaldo P. Franco – Unificação paulatina, união imediata, trabalho incessante... – "Reformador" fev./1976.)

"Em cada templo, o mais forte deve ser escudo para o mais fraco, o mais esclarecido a luz para o menos esclarecido, e sempre e sempre seja o sofredor o mais protegido e o mais auxiliado, como entre os que menos sofram seja o maior aquele que se fizer o servidor de todos, conforme a observação do Mentor Divino."

(Bezerra de Menezes – Psicografia de F. C. Xavier – Unificação – "Reformador" dez./1975.)

"Graças te rendo, meu pai, Senhor do Céu e da Terra, por haveres ocultado estas coisas aos doutos e aos prudentes e por as teres revelado aos simples e aos pequenos."

(Jesus – Mateus, 11:25.)

g) que em todas as atividades de unificação do Movimento Espírita e de união das sociedades e dos próprios espíritas seja sempre preservado, aos que dela participam, o natural direito de pensar, de criar e de agir que a Doutrina Espírita preconiza, assentando-se, todavia, todo e qualquer trabalho, nas obras da Codificação Kardequiana.

"Que ninguém seja cerceado em seus anseios de construção e produção. Quem se afeiçoe à ciência que a cultive em sua dignidade, quem se devote à filosofia que lhe engrandeça os postulados e quem se consagre à religião que lhe divinize as aspirações, mas que a base Kardequiana permaneça em tudo e todos, para que não venhamos a perder o equilíbrio sobre os alicerces em que se nos levanta a organização."

"Seja Allan Kardec, não apenas crido ou sentido, apregoado ou manifestado, a nossa bandeira, mas suficientemente vivido, sofrido, chorado e realizado em nossas próprias vidas. Sem essa base é difícil forjar o caráter espírita-cristão que o mundo conturbado espera de nós pela unificação."

(Bezerra de Menezes – Psicografia de F. C. Xavier – Unificação – "Reformador" dez./1975.)

ANEXO 3

Comissões Regionais do CFN

RESOLUÇÃO

O Conselho Federativo Nacional da Federação Espírita Brasileira,

CONSIDERANDO

a) Que os Conselhos Zonais, desdobramentos do Conselho Federativo Nacional, em seis ciclos de trabalhos, desde sua criação, cumpriram integralmente suas importantes atribuições, contribuindo para que o Movimento Espírita e as Instituições Espíritas dispusessem de instrumentos para a execução de suas finalidades, como sejam:

1 – o documento que enfeixa as conclusões sobre o tema "A adequação do Centro Espírita para o melhor atendimento de suas finalidades", aprovado em outubro/77;

2 – o opúsculo "Orientação ao Centro Espírita", aprovado em julho/80;

3 – as "Diretrizes da Dinamização das Atividades Espíritas", aprovadas em novembro/83;

4 – o "Manual de Administração das Instituições Espíritas", aprovado em novembro/84, a título de recomendação;

b) que, ao fim do VI ciclo de trabalhos, a experiência adquirida demonstra que se torna aconselhável dinamizar a operacionalidade das Instituições Espíritas, facilitando as iniciativas que ponham em prática todo o acervo de resoluções anteriores;

c) que, para isso, torna-se aconselhável aditar às atuais atribuições dos Conselhos Zonais outras tarefas, dotando-os de estrutura capaz de atender ao desdobramento e ao acréscimo de trabalhos;

RESOLVE

I) Transformar os Conselhos Zonais em Comissões Regionais, mantida a atual divisão geográfica aprovada pelo Conselho Federativo Nacional.

II) As Comissões Regionais terão as seguintes atribuições:

a) – coordenar e promover com as Entidades Estaduais de Unificação do Movimento Espírita, observados os norteamentos do Conselho Federativo Nacional, as atividades que visem a dotar as Instituições Espíritas dos conhecimentos necessários ao desenvolvimento de suas atividades doutrinárias e assistenciais;

b) – analisar temas indicados pelo Conselho Federativo Nacional.

III) As Comissões Regionais reger-se-ão pelo Regimento Interno aprovado pelo Conselho Federativo Nacional nesta data.

Brasília, 2 de novembro de 1985.

REGIMENTO INTERNO

Artigo 1º – As Comissões Regionais criadas pelo Conselho Federativo Nacional em sua reunião de 2 de novembro de 1985, têm suas normas de funcionamento traçadas por este Regimento Interno.

DOS OBJETIVOS

Artigo 2º – As Comissões Regionais, que desenvolverão suas atividades observando os norteamentos do Conselho Federativo Nacional, têm por objetivos:

I – Coordenar e promover, em nível regional, com as Entidades Estaduais de Unificação do Movimento Espírita, as atividades que tenham por fim a difusão da Doutrina Espírita e as tarefas de Unificação, inclusive, visando a dotar as Instituições Espíritas dos conhecimentos necessários ao desenvolvimento de suas atividades;

II – promover reuniões periódicas de âmbito regional, possibilitando as trocas de informações e experiências, analisando e buscando o equacionamento de problemas comuns, planejando e organizando as tarefas destinadas a atender às necessidades levantadas;

III – coordenar e promover a realização de cursos e encontros destinados à preparação e atualização de trabalhos para as tarefas junto aos órgãos de Unificação e às Casas Espíritas;

IV – analisar temas indicados pelo Conselho Federativo Nacional;

V – opinar sobre propostas, programas e outros instrumentos norteadores das atividades espíritas, a serem submetidos ao Conselho Federativo Nacional;

VI – assessorar as Entidades Federativas Estaduais, quando solicitadas, na estruturação dos órgãos destinados a coordenar em nível estadual as suas atividades doutrinárias, assistenciais e administrativas, bem como na promoção de reuniões, encontros e cursos, destinados a dirigentes e trabalhadores das Casas Espíritas.

DA CONSTITUIÇÃO

Artigo 3º – As Comissões Regionais serão constituídas por um representante indicado por cada Entidade Estadual participante do Conselho Federativo Nacional que integra a região correspondente, e coordenadas, cada uma, por um coordenador e um secretário designados pelo Presidente do Conselho Federativo Nacional, estes auxiliados por tantos assessores quantos se fizerem necessários.

Parágrafo único – Os representantes das Entidades Federativas Estaduais poderão fazer-se acompanhar de assessores.

DO FUNCIONAMENTO

Artigo 4º – As Comissões Regionais reunir-se-ão, ordinariamente, uma vez por ano e, extraordinariamente, sempre que necessário.

Parágrafo único – Nas reuniões de cada Comissão Regional, poderão participar, como assistentes, os integrantes das demais Comissões Regionais.

DA COMPETÊNCIA

Artigo 5º – Compete a cada Comissão Regional:

I – Organizar seu plano de trabalho articulando-se com as Entidades Estaduais envolvidas na sua execução;

II – acompanhar o desenvolvimento dos trabalhos relacionados com suas atividades;

III – definir o local e a pauta de suas reuniões;

IV – acertar com as Entidades Federativas Estaduais a forma de custeio dos seus gastos.

Artigo 6º – Compete ao Coordenador de cada Comissão Regional:

I – Coordenar e dirigir todas as atividades da Comissão;

II – convocar e dirigir as reuniões da Comissão.

Parágrafo 1º – Compete ao Secretário:

I – Substituir o Coordenador em suas faltas e impedimentos;

II – manter em ordem o arquivo e o expediente da Comissão, recebendo e expedindo a correspondência;

III – lavrar as atas das reuniões da Comissão;

IV – auxiliar o Coordenador no desempenho de suas funções, executando as tarefas que lhe forem atribuídas.

Parágrafo 2º – Compete aos Assessores do Coordenador executar as tarefas que lhes forem atribuídas.

DA DISPOSIÇÃO FINAL

Artigo 7º – Este Regimento Interno, aprovado pelo Conselho Federativo Nacional da Federação Espírita Brasileira, em 2 de novembro de 1985, entra em vigor na data de sua aprovação.

(Do *Reformador* de jan./1986)

Este livro foi impresso
no Departamento Gráfico da
FEDERAÇÃO ESPÍRITA BRASILEIRA
na cidade do Rio de Janeiro
em março de 2007.

www.febrasil.org.br